Las
oraciones personales del
PAPA
JUAN PABLO II

Ora conmigo

Joannes Paulus M II

Las
oraciones personales del

PAPA
JUAN PABLO II

Ora conmigo

ATRIA BOOKS
New York   London   Toronto   Sydney

ATRIA BOOKS

1230 Avenue of the Americas
New York, NY 10020

NOTA DEL EDITOR

Este libro es una selección de los cuatro volúmenes de *The Private Prayers of Pope John Paul II,* publicados por Atria Books. Los cuatro volúmenes son: *Words of Inspiration* (2001), *An Invitation to Prayer* (2002), *The Rosary Hour* (2002) y *The Loving Heart* (2003), cada uno de los cuales se publicó originalmente en italiano en Ciudad del Vaticano. La sección biográfica es un extracto de *Pope John Paul II: The Biography* de Tad Szulc. El epílogo consta de plegarias ofrecidas por Juan Pablo II después del ataque terrorista del 11 de septiembre de 2001, fragmentos de su mensaje de Navidad de 2002 y una alocución de marzo de 2003 a los sacerdotes de la diócesis de Roma. Tal como él lo mencionaba en este último discurso, el Papa comenzaba el vigésimo quinto año de su pontificado.

ÍNDICE GENERAL

Tomado de
Juan Pablo II
La biografía

Por Tad Szulc

1920

Karol Józef Wojtyla nació al mismo tiempo que el milagro polaco. El martes, 18 de mayo de 1920, día del nacimiento de Wojtyla en el pequeño pueblo de Wadowice, al sur de Polonia, el mariscal Józef Pilsudski era recibido triunfalmente en Varsovia, la capital de la recién independizada Polonia, como el héroe vencedor de la guerra con la Unión Soviética. Sólo diez días antes, el bisoño ejército de Pilsudski había tomado Kiev, la ciudad más importante de la Ucrania soviética: la primera victoria militar de Polonia en el curso de dos siglos.

Tres meses después, el 15 de agosto, fiesta de la Asunción de Nuestra Señora, las fuerzas polacas comandadas por el mariscal rechazaron a las puertas de Varsovia un poderoso contraataque soviético. De inmediato se le bautizó como «el milagro del Vístula», el río que divide en dos la capital.

La derrota soviética en Varsovia frenó la avanzada que, de otro modo, podría haber proseguido hacia Alemania y Europa occidental, desechas por la guerra, para implantar allí un régimen comunista. Lenin y Stalin habían elaborado un plan para lograr este objetivo, y los soviéticos ya habían ocupado Lituania y Bielorrusia en su ofensiva hacia occidente.

El milagro del Vístula en 1920 era una evocación de la batalla de Viena de 1683, cuando el rey polaco Jan Sobieski destruyó los ejércitos turcos del gran visir Kara Mustafá, impidiendo en consecuencia la expansión otomana a través de Europa.

De hecho, Karol Wojtyla y la resucitada Polonia, dividida durante 123 años entre sus tres depredadores vecinos —Rusia, Prusia y Austria—, entraron al mundo virtualmente al mismo tiempo.

Karol Jósef Wojtyla

Para entender a Juan Pablo II, el primer papa no italiano electo en 456 años, uno debe esforzarse por entender a Karol Józef Wojtyla, el hombre. Y al hacerlo, es crucial captar y comprender el hecho de su nacionalidad. Éste es un rasgo esencial de su carácter, una mezcla con frecuencia desconcertante de conservadurismo y modernidad.

Aunque es el pontífice de la Iglesia Universal de casi mil millones de católicos romanos y actor decisivo en la escena diplomática mundial, sigue siendo un patriota polaco, un filósofo polaco, un poeta polaco y un político polaco. Durante su primera visita papal a Polonia en junio de 1979, la insignia bordada de su casulla era el águila blanca y coronada de la realeza polaca que proclamaba en letras doradas sobre campo azul el lema *Polonia Semper Fidelis* (Polonia siempre fiel). En Navidad, él canta villancicos polacos en una atmósfera informal de familia con amigos polacos de visita en Roma. Se mantiene en contacto a diario con la situación eclesiástica y política de Polonia. En su juventud, Wojtyla fue actor de dramas que celebraban el culto de la *polanidad,* una experiencia que él recuerda con cariño hasta la fecha.

Las ideas filosóficas y teológicas del Papa, su reacción a los acontecimientos internacionales y su interpretación de la historia deben por tanto examinarse a la luz de su trasfondo personal junto con su profundo conocimiento de los problemas y la política del mundo, adquirido en sus viajes por cinco continentes, su intelecto y erudición notables y su impresionante producción literaria.

Hijo de un oficial de carrera retirado, profundamente patriota y religioso, y bautizado por un capellán militar, Karol Wojtyla es sobre todo el producto de la histórica renovación polaca cuyos cimientos se arraigan en un sentido de identidad nacional. La Iglesia Católica Romana ha ayudado a preservarla a lo largo de los siglos a través de la protección del idioma y la cultura: la espiritualidad mística y mesiánica.

Pero al igual que el prolífico poeta y dramaturgo que él fue alguna vez, a Wojtyla puede llegar a entendérsele mejor en su dimensión humana, que como filósofo o teólogo. Sus escritos son reflejos de sus experiencias.

Como ningún otro papa, Karol Wojtyla tuvo que trabajar durante años como un pobre obrero manual —bajo la ocupación alemana de su país durante la guerra. Esto tuvo el mérito de exponerlo directamente a privaciones y experiencias de relaciones humanas que pocos sacerdotes han conocido. Lo enseñó a sufrir en silencio y con dignidad, y le inculcó el hábito de la disciplina absoluta que, como papa, él procura imponerle a una Iglesia cada vez más rebelde. Wojtyla siempre se ha identificado con los campesinos y los obreros: no es raro en él reclamar públicamente justicia para «la clase obrera», una frase inusual en labios del papa, pero que, según él, se remonta a Jesucristo.

También se identifica con el concepto mesiánico del catolicismo polaco, que hace inseparables la idea de nación de la religión nacional. De niño (y posteriormente como sacerdote y cardenal), Wojtyla se sentía irresistiblemente atraído por Kalwaria Zebrzydowska, un monasterio de padres bernardinos, a unas treinta millas de su pueblo natal de Wadowice, donde decenas de millares de aldeanos se reunían en Pascua para asistir a la representación de la muerte y resurrección de Cristo, y en agosto, en la fiesta de la Asunción de Nuestra Señora, el ascenso de la Virgen al cielo. Kalwaria Zebrzydoswska tiene un vía crucis, y multitudes de creyentes caminan, orando y cantando de estación en estación, detrás del actor que hace el papel de Cristo. Era un despliegue monumental de piedad popular y, de niño, Wojtyla era parte de los que asistían al drama de la pasión. Más tarde, siendo seminarista, esperaba convertirse en monje carmelita descalzo, un llamado al misticismo extremo, y su primera tesis doctoral fue sobre San Juan de la Cruz, el místico español del siglo XVI.

* * *

En otro nivel, Wojtyla es el producto de una gran tragedia personal y de gran sufrimiento y soledad personales, ya que perdió a toda su familia antes de llegar a los veintidós años: el segundo bebé de sus padres, una niña que murió en la infancia; su madre, cuando él tenía ocho años; su hermano mayor, cuando él tenía once, y su querido padre, tres meses antes de que él cumpliera veintiuno.

Las tragedias de su familia inevitablemente forjaron el carácter de Wojtyla como hombre y como sacerdote. Con frecuencia, se refiere a esas tragedias en privado, especialmente a la intensa soledad que sufrió al morir su padre. Y su inclinación por el misticismo y el romanticismo le ha dado un sentido, si no premonición, de martirio. Él ha estado por lo menos cuatro veces a las puertas de la muerte.

La figura que Karol Wojtyla siempre ha venerado más es San Estanislao, el obispo polaco asesinado hace más de nueve siglos ante el altar de una iglesia en Cracovia, capital del reino en esa época, por órdenes de un rey tiránico. Ahora es un santo, canonizado por la Iglesia Católica Romana y patrón de Polonia. Mientras se preparaba para ir a Roma a asistir al histórico Segundo Concilio Vaticano en 1962, Wojtyla, entonces un joven obispo, dijo a los fieles presentes en la misa en Cracovia, «salgo de la tumba de San Estanislao para la tumba de San Pedro... la grandeza de ambos es comparable, ellos se complementan mutuamente...» Él usó virtualmente las mismas palabras como cardenal cuando salió de Cracovia para el cónclave de 1978 que lo elegiría papa.

En la actualidad, Juan Pablo II alude a San Estanislao cuando conversa en privado acerca del intento de asesinato que casi le costó la vida en la Plaza de San Pedro, en mayo de 1981. En comentarios públicos, constantemente enfatiza que el obispo martirizado «siempre fue el patrón del orden moral en nuestra patria» y sigue siendo «una fuerza moral en nuestro tiempo». Wojtyla, quien fuera también obispo de Cracovia durante muchos años, se identifica totalmente con su predecesor, un ferviente patriota polaco, al comienzo del presente milenio.

Aunque místicamente contemplativo, Wojtyla es una criatura de enorme fortaleza y energía, lo cual lo ayudó a sobrevivir las heridas de bala del asesino, una compleja cirugía abdominal, infecciones graves y numerosos accidentes a lo largo de los años, sin permitirse jamás que lo distrajeran de la búsqueda de sus numerosos objetivos.

Algunos amigos que conocen a Wojtyla desde hace décadas insisten que la oración y la meditación son la fuente principal de su fortaleza física y mental y de su asombrosa capacidad de restaurar su energía —e incluso su apariencia—, no obstante su agobiante horario de trabajo en el Vaticano y sus viajes agotadores alrededor del mundo. Medido por cualquier criterio normal, esto es demasiado para un hombre que se encuentra a mediados de sus ochenta, pero hasta hace poco tiempo nadie se habría atrevido a sugerir que él redujera sus actividades ni siquiera un minuto al día. Juan Pablo II es un hombre con una misión, que impone la abrumadora impresión de que él teme que el tiempo se le está terminando, con tanto que aún le queda por hacer por la humanidad y por su Iglesia. Sin embargo, para mediados de 1994, con la salud quebrantada, tuvo que empezar a reducir su agenda. Comenzaba su último drama.

Se dice que Wojtyla ora hasta siete horas diarias: en su capilla privada, al amanecer, a veces se postra ante el altar, luego ora con sus invitados antes del desayuno, a menudo en su estudio contiguo a su dormitorio, en misas y oficios en Roma o, cuando está de viaje, a bordo del avión y en el asiento trasero de su limusina, un Mercedes negro. El Papa tiene un poder de concentración que lo aísla completamente de su entorno temporal cuando se pone a orar o a meditar, incluso frente a gigantescas multitudes en una misa al aire libre. La expresión de su amplio rostro se transfigura, cierra los ojos tan intensamente que parece que sufre algún dolor y, ocasionalmente, sus labios se mueven ligeramente en una oración silenciosa. Luego pasa el momento, y Wojtyla vuelve a estar alerta, la alegre sonrisa retorna a su rostro, y sus ojos recorren al clero y a los fieles que se alinean frente a él.

Al dirigirse como cardenal a los estudiantes universitarios en una iglesia de Cracovia en 1972, Wojtyla dijo que la oración «es una conversación», pero también significa «contacto con Dios» y luego pasó a explicar en su estilo metódico: «la oración humana tiene diferentes dimensiones, muy profundas. Y no sólo diferentes dimensiones externas: cuando, por ejemplo, un musulmán ora con gran ánimo, clamando a su Alá dondequiera a las horas prescritas; cuando un budista ora, concentrándose completamente como si se desprendiera de sí mismo en esa concentración; cuando un cristiano ora, recibiendo de Cristo la palabra "Padre"... Así cuando yo oro, cuando oramos, entonces todos estos caminos vienen a ser como un solo camino, completándose mutuamente».

Siendo ya papa, Wojtyla ha confesado, «cuando yo era joven, creía que la oración podía ser —debía ser— sólo de acción de gracias y adoración. Una oración de súplica me parecía algo indigno. Después cambié completamente de opinión. Hoy día pido mucho». Cuando Juan Pablo II va a orar todas las mañanas a su capilla privada de los apartamentos papales, le espera sobre el reclinatorio una lista de «intenciones» especiales que le prepara una monja agregada al personal de servicio. A un visitante, que preguntó con vacilación luego de un almuerzo privado si el papa oraría por un yerno suyo, no católico, que esperaba un transplante de corazón, le dijo con gran simpatía: «Desde luego, oraré por él. ¿Cómo se llama?»

Al mismo tiempo, este papa espiritual es un activista y un trabajador infatigable, ocupado desde que amanece hasta cerca de medianoche. La ventana de su cuarto es la última que se apaga en la fachada del Palacio Apostólico contiguo a la Basílica de San Pedro. Además, Wojtyla ha sido un atleta toda su vida: sólo dejó de esquiar después que se fracturó la cadera en una accidente en el baño cuando estaba a punto de cumplir setenta y cuatro años. La que resultó ser su última salida a esquiar fue una excursión de un día a las montañas italianas que quedan al norte de Roma, a principios de febrero de 1994. El Vaticano mantuvo en secreto que el Papa sí había esquiado en esa ocasión porque los médicos habían recomendado que no lo hiciera luego de una caída en noviembre de 1993 en que se fracturó el hombro. Sin embargo, le permitieron caminar por las montañas, otra de sus actividades preferidas al aire libre —pero no demasiado— y los médicos lo han animado a nadar en la piscina de la residencia veraniega de Castel Gandolfo.

Su determinación de alcanzar sus metas es tan firme como su tenacidad en defender sus creencias teológicas, éticas y morales profundamente conservadoras, tan inesperadas en un hombre por otra parte con tanta curiosidad por los asuntos del mundo y tan moderno. Porque Juan Pablo II es en extremo receptivo a ideas y conceptos nuevos, desde el campo de la filosofía al de la ciencia y la psiquiatría. Fue este papa el que en 1992 declaró formalmente a Galileo Galilei inocente de los cargos de que lo acusara la Inquisición tres siglos y medio antes por insistir (heréticamente, dictaminó un tribunal eclesiástico en 1633) que el sol *es* el cuerpo celeste central de nuestro sistema solar. Da la casualidad que esta noción fue propuesta primero por Copérnico, un astrónomo polaco conocido en Cracovia como Mikólaj Kopernik. Y a Wojtyla lo cautivan la astrofísica y las teorías sobre la creación del universo (se dice que él acepta la teoría del *big bang* en tanto se reconozca como la obra de Dios). Le fascina la genética y su impacto en la ética cristiana, aunque, en opinión de los científicos del Vaticano, la genética puede resultar tan controversial para la Iglesia de Juan Pablo II como Galileo lo fue para el papado del siglo XVII.

En preparación para el arribo del tercer milenio, Juan Pablo II invitó al Colegio de Cardenales a reconsiderar la justeza de las acciones de la Iglesia en siglos anteriores, incluida su posición respecto a las guerras religiosas y a la Inquisición, en una iniciativa que podría, en efecto, conducir a una nueva versión de la historia católica.

La capilla Sixtina (donde Juan Pablo II fue electo papa por el Colegio de Cardenales, como la mayoría de los papas desde el siglo XVI) fue restaurada bajo su supervisión, un proyecto monumental que duró catorce años. *El juicio final* de Miguel Ángel, acaso la obra de arte más importante del mundo, ahora puede ser admirada en la pura belleza de los colores con los que él la pintó en la pared de la capilla detrás del altar, luego de completar los famosos frescos del cielo raso.

Juan Pablo II personalmente celebró misa mayor en la capilla Sixtina inmediatamente después de la Pascua de 1994, con la asistencia de todos los cardenales que se encontraban en Roma, para marcar el fin de la larga empresa de restauración.

El papa polaco es un hombre de conmovedora bondad y profunda simpatía personal, una cualidad que evidentemente le comunica a los cientos de millones de individuos que lo han visto en persona, mientras recorre el planeta en avión supersónico (y salta en helicóptero de ceremonia en ceremonia), o por satélite o en la televisión local. Su rostro sonriente es probablemente el más conocido del mundo: Juan Pablo II ha elevado hasta su máxima expresión su dominio de la moderna tecnología de las comunicaciones.

Pero él realmente disfruta el contacto directo con la gente —individuos o inmensas multitudes— que lo vigoriza incluso en momentos de absoluta fatiga física. En público, le gusta hacer chistes, con frecuencia en un estilo ligeramente deprecatorio, en cualquier idioma que esté hablando en ese momento, y disfruta de la risa y los aplausos con que la multitud responde. Tal vez sea el actor que hay en él.

Pero no obstante su extrovertida personalidad pública, Wojtyla es un hombre muy reservado que mantiene a una cierta distancia hasta los que le son más cercanos, a veces de manera imperceptible. Posee un sentido muy particular del humor, que despliega en momentos íntimos, y que completa con un guiño de sus ojos azulgrises y, en ocasiones, con un comentario que va al meollo del asunto —no siempre elogiosamente para la persona en cuestión.

En un almuerzo o cena en el austero comedor del apartamento papal del Palacio Apostólico —en el tercer piso— con sólo un invitado y sus dos secretarios particulares, el Papa es un anfitrión amable, que lleva la conversación en un tono tan informal que el visitante no tarda en olvidarse que está en presencia de Su Santidad. No hay formalidades en cuanto a repetir de un plato o aceptar una segunda (o tercera) copa de vino —a Wojtyla le gusta agregarle un toquecito de agua a su vino— y la comida, una mezcla interesante de cocina italiana y polaca preparada por monjas polacas y servida por el camarero personal del papa, es abundante; el anfitrión mismo come gustosamente entre sonrisas y hace comentarios sobre una variedad de temas. Es difícil que no caiga bien.

Desde su primera infancia, Wojtyla ha mostrado una devoción en extremo rara, pero sana, a Dios y la religión que puede sugerir, retrospectivamente, que él es un «elegido» si es que en verdad Dios obra de este modo. Las tragedias familiares fueron un componente añadido en el fortalecimiento de su fe. Las tradiciones polacas de misticismo y mesianismo, que le rodearon de joven, desempeñaron inevitablemente un papel decisivo en su vocación sacerdotal. En efecto, Wojtyla se comprometió directamente con la Iglesia y sus organizaciones y actividades desde su años mozos, no con un pietismo de conveniencia en una sociedad orientada hacia la religión, sino como empeño perfectamente natural y lógico para él. Una sucesión de acontecimientos dramáticos y de asombrosas coincidencias, que lindan con lo místico, ocurrieron durante el período que precede al comienzo de sus estudios teológicos secretos.

Como sacerdote, Karol Wojtyla se lanzó alegremente al ejercicio de su vocación profundizando cada vez más los estudios y la reflexión filosófica, y con una enorme cantidad de trabajo. Sus cualidades espirituales e intelectuales y su atractiva y cálida personalidad fueron advertidas por la jerarquía de la Iglesia donde él obtuvo un respaldo vital, además de la amistad de sus contemporáneos, tanto clérigos como laicos.

Wojtyla siempre tuvo poderosos protectores y defensores —desde el arzobispo (y más tarde cardenal) de Cracovia Adam Stefan Sapieha, aun antes de que él entrara en el seminario clandestino, hasta el papa Pablo VI, quien le tuvo en la mayor estima y contribuyó decisivamente a su carrera eclesiástica. Su ascenso en la Iglesia fue meteórico.

Toda la trayectoria de la vida de Karol Wojtyla se resume en un formidable proyecto para superarse en preparación para un futuro predestinado o, simplemente, para la mayor gloria de Dios.

Ningún obispo o cardenal de que se tenga noticia documentada ha laborado más arduamente como pastor, erudito, intelectual y líder político de facto (dentro y fuera de la Iglesia) que Wojtyla en su período prepontifical. Le tomó treinta y dos años recorrer la distancia del sacerdocio en Cracovia a la Santa Sede, lográndolo a la relativamente joven edad de cincuenta y ocho, con el aporte de nuevos logros cada año. En educación y erudición, así como en producción teológica, filosófica y literaria en el período formativo, podría comparársele sólo con Gregorio el Grande, quien se convirtión en papa a los cincuenta años en el 590 D.C. Él también se parece a Gregorio en la «severidad inexorable».

Wojtyla comenzó a escribir poesía notablemente buena al final de su adolescencia; a los dieciséis apareció en la primera obra de teatro de aficionados en Wadowice (un drama mesiánico polaco que también codirigió), y escribió dos dramas bíblicos a los veinte. Hablaba fluidamente latín y leía griego y alemán cuando se graduó de la escuela secundaria. Le fue otorgado su primer doctorado (en teología mística) a los veintidós; y el segundo (en filosofía, con énfasis en su amada fenomenología) a los treinta y dos. Su primer artículo «político» periodístico (sobre los sacerdotes obreros franceses) fue publicado cuando tenía veintinueve años.

Sirvió como capellán de la Universidad de Cracovia y enseñó ética en tres seminarios teológicos polacos y en la Universidad Católica de Lublín, granjeándose amigos e impresionando a toda clase de personas dondequiera que iba. Hizo amigos para toda la vida entre los obreros de las canteras y la planta química de Cracovia donde trabajó durante la guerra (al tiempo que era seminarista clandestino), recordándoles cariñosamente por su nombre cuando era cardenal. Como estudiante, obrero, sacerdote o actor, Wojtyla fue siempre la persona más popular de su grupo.

Obispo a los treinta y ocho años, comenzó a ser conocido en Cracovia, en Polonia, en Roma y a través de toda la Iglesia. Político agudo e instintivo, en el mejor sentido de la palabra, Wojtyla comenzó a hacerse de una base (conscientemente o no) a medida que adquiría influyentes amistades en la Iglesia. Brilló en el Segundo Concilio Vaticano, en el que pronunció seis notables discursos en perfecto latín y, como visitante cada vez más frecuente en Roma según aumentaba su participación en las actividades de la Curia, no tardó en hacerse notar por el papa Paulo VI, quien le nombró cardenal a los cuarenta y siete años.

Al hablar media docena de lenguas extranjeras (el italiano, el español, el alemán y el francés son las que mejor domina), Wojtyla viajó por toda Europa Occidental y asistió a reuniones internacionales de la Iglesia en los Estados Unidos, Canadá y Australia, aceptando invitaciones siempre que las autoridades comunistas polacas querían otorgarle un pasaporte. En todas partes, se amistaba con cardenales y obispos. Al mismo tiempo, invitaba con regularidad a cardenales y obispos extranjeros, muchos de ellos del Tercer Mundo (que llegarían a hacer muy importantes a su debido tiempo) a visitarle en Cracovia, donde podían ser testigos de su incansable trabajo pastoral.

Antes de que pasara mucho tiempo, Wojtyla era la figura más importante del episcopado polaco, después del anciano y anticuado cardenal Stefan Wyszynski de Varsovia, el primado de Polonia. Parecía que no hubiera tema que no captara su atención: organizó simposios y conferencias de teólogos, filósofos, científicos, médicos, abogados, escritores y periodistas para conocer sus tópicos y sus intereses en tanto afectaban la sociedad polaca. Como papa, trasplantó este sistema al Vaticano (y a la residencia de Castel Gandolfo durante el verano). Sabía entonces y sigue sabiendo escuchar.

¿Era por tanto lógico —o estaba predestinado— que con esta magnífica preparación Karol Wojtyla coronara su vida como papa?

1967

En 1967, a la joven edad de cuarenta y siete años, Karol Wojtyla pareció haber alcanzado la cima de su carrera eclesiástica.

El cardenalato es un nombramiento vitalicio, aunque los cardenales, según reglas establecidas por el Segundo Concilio Vaticano, deben retirarse de actividades gubernativas, pastorales o administrativas a los setenta y cinco años; si bien siguen siendo miembros del Colegio de Cardenales, generosamente pensionados, y pueden votar en el cónclave para elegir a un nuevo pontífice hasta la edad de ochenta.

Para el cardenal Wojtyla esto significaba, en términos prácticos, que le garantizaban una ocupación permanente y un inmenso poder eclesiástico y político por los próximos veintiocho años. Siendo el arzobispo metropolitano de Cracovia, que es una función independiente del título y prestigio del cardenalato, era el segundo y más poderoso e influyente líder de la Iglesia polaca luego del primado Wyszynski, y muchos hombres de Iglesia creían que en efecto Wojtyla ejercía calladamente mayor influencia.

Wojtyla estaba, por supuesto, profundamente comprometido con la gestión política del episcopado polaco y el papa Paulo VI lo involucraba cada vez más en los asuntos de la Santa Sede. Era una celebridad en Cracovia. Sin embargo, había límites en lo que podía hacer y decir. Su admirable y absoluta lealtad al primado Wyszynski, no obstante las profundas pero mudas reservas de Wojtyla hacia el hombre y sus ideas, era la principal limitación —autoimpuesta— a su libertad de acción y de expresión, amén de la observancia de la normal deferencia jerárquica.

¿Pensó Karol Wojtyla alguna vez que él podría ser pontífice de la Iglesia Católica Romana?

Obviamente, él había oído mencionar la idea —o la esperanza— en innumerables ocasiones, desde el Padre Pío en Italia en 1947, hasta una niñita en el pueblo de Ludzmierz seis semanas después de que lo ungieran cardenal. Un amigo describió el suceso en un informe preservado en los archivos de la arquidiócesis de Cracovia: «Una niñita, al darle la bienvenida al cardenal, recitó un poema en el cual las palabras finales expresaban la esperanza de que él llegara a convertirse en papa. Esto causó un júbilo general. El cardenal no se rió, sino que se inclinó gravemente y besó a la niñita en la frente».

Desde el punto de vista práctico, las expectativas papales para él eran remotas en esa etapa, excepto por razones de edad. Aunque la longevidad ha caracterizado a los papas de este siglo —tanto Pío XII como Juan XXIII murieron de más de ochenta años— Pablo VI ya tenía setenta cuando nombró a Wojtyla cardenal en 1967. Aun si él también viviera hasta pasados los ochenta (como ocurrió), Wojtyla sería aún extremadamente joven para los estándares del pontificado.

Los auténticos problemas eran que la idea de un papa no italiano era todavía muy prematura (aunque Pablo VI lo había mencionado una vez) y que, al menos para los criterios de 1967, Wojtyla no había adquirido aún la estatura necesaria para que resultara un candidato plausible al cónclave, pese a la excelente reputación que había adquirido durante el Segundo Concilio Vaticano. Él sabría utilizar bien los once años de cardenalato que tenía por delante para aumentar esa estatura.

1978

El lunes 16 de octubre, el primer orden del día (después de la misa matutina) era que los no italianos persuadieran al Colegio de Cardenales que había llegado la hora para un papa extranjero. Y los partidarios de Wojtyla, ahora en número creciente, tuvieron que decir clara —y delicadamente— que él era el hombre.

El cardenal Köning [cardenal Fraz Köning de Viena] se levantó en la sesión plenaria de la mañana para defender la propuesta básica ante sus colegas electores. Es así cómo él recuerda la ocasión: «Me acuerdo que antes del cónclave anterior recibí varias cartas de personas desconocidas en Italia que decían: "por favor vote por un no italiano porque nuestro país se encuentra en tal desorden que nos ayudaría que un no italiano se convierta en papa". Un argumento muy curioso. De manera que, al comienzo, en mi opinión, la razón [para oponerse a Wojtyla] era que él era joven y, mucho más que eso, un no italiano proveniente de un país del Este».

Köning explicaba que, si bien los cardenales se daban cuenta de que un papa más joven era deseable, Wojtyla, de sólo cincuenta y ocho en ese momento, les parecía demasiado joven a muchos. Este punto de vista era compartido por el primado Wyszynski quien, a los setenta y siete, desconcertó a algunos de sus amigos al sugerir, durante las conversaciones del domingo por la noche en la capilla Sixtina, que *él* sería el «natural» pontífice extranjero —si ese fuera el caso. En realidad, el primado, que siempre había tenido sentimientos encontrados respecto a Wojtyla, creía, aunque pareciera sorprendente, que el próximo papa debería ser un italiano. Su biógrafo recuerda que Wyszynski «creía que se respetaría la tradición eligiendo a otro papa italiano... Lo que es más, consideraba que ese sería el resultado correcto: no sólo creía que los romanos deberían tener un obispo italiano, sino que temía las consecuencias de violar una tradición de 455 años».

Tal era, pues, la resistencia que Köning y sus aliados tuvieron que vencer. Así recuerda él la sesión del lunes por la mañana. «Defendí mi opinión abiertamente ante el cónclave. Dije que "es hora de cambiar el sistema y de votar por un no italiano. Ésa es mi opinión"».

Luego de dos votaciones en la mañana del lunes, aún no había papa y, una vez más, salía humo negro por la chimenea de la capilla Sixtina para desencanto de las decenas de miles de fieles en la Plaza de San Pedro. No teniendo idea de lo que sucedía dentro, la multitud se tornaba cada vez más tensa y preocupada. Pero al tiempo que se sentaron para almorzar, los cardenales finalmente se decidieron a elegir a un extranjero. Sin embargo, la interrogante era, «¿quién?»

Al abrirse la sesión de la tarde del lunes, era obvio que había sólo cuatro candidatos plausibles: Wojtyla, que había recibido unos pocos votos incluso en la tarde del domingo; Köning, que definitivamente no quería el puesto; el cardenal Eduardo Francisco Pironio de Argentina (que tenía cincuenta y ocho años) y el cardenal Johannes Willebrands de los Países Bajos, de sesenta y nueve, que se había ganado el respeto de muchos por su trabajo en el terreno de la libertad religiosa y de la unidad ecuménica entre las iglesias cristianas. Willebrands, en efecto, recibió veinte votos el lunes por la mañana antes de transferirle su propio apoyo a Wojtyla.

El cardenal Enrique y Tarancón recordaba que «al mediodía del segundo día me di cuenta de que sería Wojtyla». Agregó que «el primer día —el domingo— luego de cuatro votaciones, los cardenales estaban un poquito desorientados, pero en la mañana del lunes sentimos que sería Karol Wojtyla. Habíamos visto el primer día que no podía ser un italiano, de manera que teníamos que buscar un nuevo camino, y el segundo día se hizo claro por dónde íbamos».

El cardenal belga Suenens dijo que «el segundo día no hubo demasiada discusión. Se hablaba en el lenguaje de las matemáticas. Y Karol Wojtyla era el nombre más evidente».

Pero la primera votación del lunes por la tarde —la séptima del cónclave— no produjo la victoria de Wojtyla. Aún no llegaba a los mágicos setenta y cinco votos. Más humo negro. El cardenal Krol [cardenal John Krol de Filadelfia] convenció a los norteamericanos, y el cardenal Joseph Ratzinger, el conservador teólogo alemán, aportó los votos de los alemanes, que por la mañana habían declinado apoyar al polaco. Lorscheider, de Brasil, Pironio de Argentina y Bernardin Gantin de Benin movilizaron los votos latinoamericanos y africanos. Pero la mayoría de los italianos aún le negaban a Wojtyla sus veinticinco votos, y el resultado seguía en duda cuando los cardenales se aprestaban para la segunda votación de la tarde.

El problema era hacer a Wojtyla plenamente aceptable a todas las facciones de la Iglesia y, evidentemente, esto exigía un formidable esfuerzo de última hora. Para ponerlo en palabras del cardenal Enrique y Tarancón: «No buscábamos a un conservador o a un progresista, sino a alguien ciertamente alineado con el Segundo Concilio Vaticano. No tenía un carácter ideológico. Además, Wojtyla era un obispo pastoral, lo cual era vital».

El cardenal Eugéne Tisserant, el barbiblanco Decano del Colegio de Cardenales, convocó a la octava votación poco después de las 5:00 PM. La tensión dentro de la capilla Sixtina era insoportable; muchos temían un empate irrompible por la cuestión italiana, lo cual hundiría a la Iglesia en una crisis profunda. Köning dijo que «había una enorme tensión todo el tiempo».

Luego vino el cambio. El cardenal Sebastiano Baggio, el poderoso italiano Prefecto de la Congregación para los Obispos, decidió respaldar a Wojtyla, seguido por un número suficiente de recalcitrantes cardenales italianos. Según se anunciaban los votos, los cardenales escribían las cifras en sus cuadernos. Köning, que estaba sentado inmediatamente delante de Wojtyla, recuerda que «cuando el número de votos por él se acercaba a la mitad [del total necesario], él arrojó el lápiz y se irguió en la silla. Tenía la cara roja. Luego se sostuvo la cabeza con las manos».

Köning prosigue: «mi impresión era que él se sentía completamente confundido. Luego se llegó a la mayoría final. Él tenía dos tercios de los votos más uno...»

Cuando la votación llegó a noventa y cuatro a su favor —diecisiete cardenales rehusaron aceptarlo— Wojtyla se inclinó sobre el pupitre y comenzó a escribir furiosamente.

A las 6:18 PM, el cardenal Tisseerant anunció en la capilla que Karol Wojtyla, de Cracovia, había sido electo pontífice de la Iglesia Católica Romana. El cardenal Villot, el camarlengo, se acercó a Wojtyla para preguntarle en latín: «en conformidad con el derecho canónico, ¿acepta usted?»

Wojtyla no tuvo ninguna duda. «Es la voluntad de Dios», replicó. «Acepto».

Los cardenales prorrumpieron en un aplauso. El cardenal Enrique y Tarancón resumió más tarde lo que acababa de ocurrir en la capilla Sixtina. «Dios nos obligó a romper con la historia para elegir a Karol Wojtyla».

Al fondo de la capilla, el horno de Cesare Tassi lanzaba al mundo una columna de humo blanco que anunciaba la elección de un nuevo papa, pero su identidad no se dio a conocer en ese momento. El suspenso se adueñaba de la Plaza de San Pedro al anochecer.

Al tomar el nombre de Juan Pablo II —por respeto a su predecesor— Karol Wojtyla se convirtió en el 263º. sucesor de San Pedro, el 264º. papa de su Iglesia, y por tanto cabeza de setecientos millones de católicos romanos, la más grande y antigua institución religiosa del mundo.

Como papa, él también se convertía en «Obispo de Roma, Vicario de Jesucristo, sucesor de San Pedro, Príncipe de los Apóstoles, Sumo Pontífice que tiene la primacía de jurisdicción y no meramente de honor sobre la Iglesia Universal, Patriarca de Occidente, Primado de Italia, Arzobispo y Metropolita de la Provincia de Roma, Soberano del Estado de la Ciudad del Vaticano, Siervo de los Siervos de Dios». Habría de llamársele «Su Santidad el Papa» o, más informalmente, «el Santo Padre».

A la edad de cincuenta y ocho años y medio (casi exactos en esa fecha), el robusto y atlético cardenal polaco, de cinco pies y diez pulgadas y media de estatura, era el papa más joven desde 1846 y, por supuesto, el primer extranjero desde 1523. Y Juan Pablo II no perdió tiempo en demostrarle a los cardenales y luego al resto del mundo que él sería un papa muy distinto.

Tan pronto como Karol Wojtyla aceptó el papado, Cesare Tasse, el oficial de la Sixtina, lo condujo fuera de la capilla a través de una puertecilla que queda a la izquierda del altar, debajo de *El juicio final,* a un cuarto estrecho de paredes enjabelgadas para ponerle las blancas vestimentas papales que aguardan al nuevo pontífice (en realidad, el cuarto tiene tres juegos de vestimentas en valijas: de tallas pequeña, mediana y grande, para que se ajuste a las medidas de cualquiera que resulte electo).

De vuelta a la capilla, Wojtyla encontró una butaca colocada delante del altar donde, según la tradición, él se sentaría para recibir los votos de obediencia de los cardenales. Pero, como recuerda el cardenal Enrique y Tarancón, Wojtyla tenía otras ideas.

«Cuando el maestro de ceremonias invitó al Papa a sentarse», cuenta, «Wojtyla replicó: "No, recibo a mis hermanos de pie..."» Uno por uno, los cardenales se acercaron a Wojtyla para que éste los abrazara. El abrazo más largo fue para el primado Wyszynski. Luego los cardenales cantaron el *Te Deum*. La ceremonia en la capilla duró cerca de una hora (las boletas de papel fueron quemadas al mismo tiempo para garantizar el eterno secreto sobre los procedimientos de la elección).

Luego, Wojtyla salió de la capilla Sixtina por la puerta trasera, atravesó la partición, presidiendo la procesión papal a través de los salones Ducal y Real de la Basílica de San Pedro hasta llegar a la Logia, el balcón central que domina la vasta plaza sobre la que había caído la noche y en la que se agolpaban doscientos mil fieles: italianos, peregrinos extranjeros y turistas.

El cardenal Felici fue el primero en salir al balcón a las 6:44 PM mientras la gran cruz de la fachada de la basílica se iluminaba y los guardias suizos entraban en formación en la plaza, la banda de música tocaba y se desplegaba la gran bandera papal. En sonoro latín, Felici clamaba: «Os anuncio un gran gozo... ¡Tenemos papa! —*Habemus Papam!*»

Mientras se apagaba el primer estruendo de la multitud, Felici lo identificaba: «*Carolum Sanctae Romanae Ecclesiae Cardinalem Wojtyla... Ionnaem Paulum Secundum!*».

El silencio barrió la Plaza de San Pedro. Wojtyla era un nombre totalmente desconocido para la muchedumbre multilingüe. La gente se miraba con expresión desconcertada, preguntándose quién era este Wojtyla. ¿Un africano? No, dijo alguien. «¡Es polaco!».

Ahora Juan Pablo II, con la casulla roja sobre su sotana blanca, la cruz papal en el pecho y una sonrisa feliz en su ancho rostro, se adelantó para pronunciar su primera bendición «*Urbi et Orbi*» (a la ciudad y al mundo). Eran las 7:20 PM. Pero primero, apartándose de la costumbre, pronunció un breve discurso en italiano:

¡Alabado sea Jesucristo!... Amadísimos hermanos y hermanas, estamos aún entristecidos por la muerte de nuestro muy amado papa Juan Pablo I. Y ahora los eminentísimos cardenales han llamado a un nuevo obispo de Roma. Lo han llamado de un país distante, distante pero siempre próximo mediante la comunión en la fe y tradición cristianas... No sé si puedo explicarme bien en vuestra —nuestra— lengua italiana. Si me equivoco, ustedes me corregirán. Y de este modo me presento ante todos vosotros para confesar nuestra fe común, nuestra esperanza, nuestra confianza en la Madre de Cristo y de la Iglesia, y también para comenzar de nuevo en este camino de la historia y de la Iglesia, con la ayuda de Dios y con la ayuda de los hombres.

Éste era, en efecto, su discurso de aceptación —su ruego de ser aceptado como un papa no italiano en Italia— y él lo había redactado en la capilla Sixtina después que los votos de los cardenales a su favor habían pasado de setenta y cinco. Y Juan Pablo II descubrió que era aceptado en Italia y a través de un mundo fascinado con extraordinaria rapidez y naturalidad. Él también se impuso al instante en la Iglesia y en la curia romana.

Mientras se enfrentaba a la gran muchedumbre en la Plaza de San Pedro, monseñor Dziwisz, su capellán y secretario, se escurría a través de la ciudad para traer las escasas pertenencias del Papa de su apartamento del Colegio Polaco en Piazza Remuria a las habitaciones temporales del Palacio Apostólico donde él pasaría su primera noche como pontífice.

* * *

El martes 17 de octubre, su primer día completo como papa, Juan Pablo II se concentró en cuatro actividades de inmensa importancia para él.

En la mañana, concelebró misa solemne en la capilla Sixtina con todos los cardenales, pronunciando de nuevo la bendición «*Urbi et Orbi*».

En la tarde, lo condujeron en la limusina papal, un Mercedes negro, al policlínico Gemelli para visitar a un amigo suyo, el obispo Deskur, que se encontraba paralizado. «Él me enseñó a ser papa», dijo Juan Pablo II al entrar en el cuarto de Deskur. Una multitud se había reunido en los corredores de la clínica para echarle un vistazo, pero al Papa hubo que recordarle que esperaban una bendición. Sonriendo tímidamente, hizo la señal de la cruz, al tiempo de comentar, «no estoy acostumbrado a esto todavía».

Al final de la tarde, Juan Pablo II recibió a sus amigos polacos en un salón detrás del escenario del Auditórium Paulo VI próximo a la basílica para una ceremonia informal que llamó «adiós a la patria». Cada uno de los amigos fue llamado individualmente por un altavoz para que se acercara a saludar al Papa. Jerzy Kluger —el amigo judío de Wojtyla y compañero suyo de la escuela secundaria de Wadowice— y su mujer inglesa fueron los primeros en ser llamados.

Por la noche, Wojtyla dio órdenes de que su solideo rojo de cardenal fuese puesto en el altar de la Virgen polaca de Ostrabrama en Vilnius, en la Lituania soviética, adonde tuvo que ser enviado clandestinamente.

Así comenzó el pontificado de Juan Pablo II.

El papa Juan Pablo II

1979

Juan Pablo II aterrizó en Varsovia en la mañana del 2 de junio de 1979, a los ocho meses exactos de haber salido como cardenal para el cónclave del Vaticano, y desde el momento en que se arrodilló para besar el suelo polaco en el aeropuerto de Okecie, vivió nueve días de éxtasis nacional.

Por lo menos diez millones de polacos (de una población de treinta y cinco millones) lo vieron en persona en las nueve ciudades, pueblos y santuarios donde apareció, oró y habló ante una desbordada humanidad. El país era una explosión de color: había banderas polacas blancas y rojas y banderas papales blancas y amarillas por todas partes, y el retrato de un Wojtyla sonriente, adornado con pendones papales, parecía estar en todas las ventanas a lo largo de la ruta de su caravana. Sus comparecencias atrajeron las mayores multitudes en la historia polaca.

Otros lo veían por la televisión estatal polaca, aunque los fanáticos funcionarios del partido habían ordenado a sus camarógrafos que mantuvieran las lentes enfocadas en Juan Pablo II, en tomas restringidas, y que evitaran mostrar las gigantescas multitudes que asistieron a las misas y otros eventos. Era una tonta conducta totalitaria porque todos los ciudadanos sabían que millones habían salido a vitorear al pontífice y a entonar la antigua canción, «¡Queremos a Dios!» Los polacos hablaban de «nuestros nueve días de libertad».

El Papa impuso el tono de la visita —su segundo viaje papal al extranjero— con admirable sordera diplomática, mezclando una vez más lo espiritual y lo temporal al definir su misión polaca así como su política general. Al responder en el aeropuerto a las palabras de bienvenida del presidente Henreyk Jablonski, Juan Pablo II anunció que «mi visita es dictada estrictamente por una motivación religiosa» aunque «espero de veras que servirá a la gran causa del acercamiento y cooperación entre las naciones... a la mutua comprensión, a la reconciliación y a la paz en el mundo contemporáneo... [y] a la unidad interna de mis compatriotas...».

La religión y el patriotismo siempre anduvieron de la mano en la historia polaca, y el Papa elevó ese sentimiento a gran altura en Jasna Góra —la montaña luminosa— en Czestochowa, el santuario de la Virgen Negra, la reina de Polonia. Fue allí, luego de presentarse en Varsovia y en Gniezno, sede de la diócesis polaca más antigua. En los tres días que pasó en la zona de Czestochowa-Jasna Góra, Juan Pablo II habló *veintitrés* veces —de seguro un récord en los anales papales— ante grupos que iban desde multitudes tan grandes como un mar en misa solemne a grupos de padres y madres superiores de órdenes religiosas masculinas y femeninas, la Conferencia Episcopal Polaca, jóvenes, y enfermos e impedidos.

Las homilías y discursos del Papa desde el suelo más sagrado de Polonia no fueron las usuales exhortaciones piadosas a que los creyentes se habían acostumbrado. Algunos fueron largos y complejos ensayos sobre historia polaca en el contexto de la salvación de Czestochowa, por intervención de la Madonna, del asedio de los ejércitos suecos en el siglo XVII —pero adentrándose también en la edad moderna— o en el contexto de San Estanislao, su martirio, y la libertad humana. Otros fueron pláticas sobre el estado de la Iglesia luego del Segundo Concilio Vaticano. Como escribió un reportero norteamericano en Czestochowa: «cada gesto papal, cada hábil referencia histórica, tenía connotaciones políticas en este escenario».

Así, pues, Juan Pablo II había regresado a Polonia como predicador y maestro, historiador y patriota, filósofo y teólogo. Era su mayor gesto de fuerza hasta la fecha, y sólo había recorrido la mitad de su peregrinaje polaco.

Sin embargo, la parte más personal y más cargada de emociones del regreso a la patria fue la visita de Wojtyla a su arquidiócesis: Cracovia, Clawaria, Zeberzydowsca, Wadovice, Oswiecim, Nowy Targ...

Multitudes entusiastas salieron a recibirlo en su antigua sede, llenando cada pie cuadrado del triangular e irregular prado de Blonia, justo al este de la Universidad Jaguelónica y la Ciudad Vieja, donde les habló cariñosamente a sus coterráneos cracovianos, llamando a la ciudad «esta Roma polaca». Se refirió con nostalgia a su juventud en Cracovia, a la universidad, a la ocupación nazi, a su trabajo en la cantera de piedra y en la planta Solvay, a su llamado al sacerdocio y a sus años como obispo y cardenal. Todas sus palabras fueron escuchadas en reverente silencio, y luego los gritos y los aplausos se alzarían hacia el azul cielo primaveral como salvas de cañones.

Al día siguiente, 7 de junio, Juan Pablo II siguió su ruta sentimental del recuerdo hasta su santuario preferido de Kalwaria Zebrzydowska y sus estaciones de la cruz, evocadoras de su niñez y de las visitas que hiciera al lugar siendo adulto, de las que siempre sacaba inspiración. También recordaba que su abuelo y su bisabuelo habían servido de guías a los peregrinos del santuario.

Dos horas después, el Papa estaba *realmente* en casa: en Wadowice. Su viejo maestro de religión y párroco, Edgard Hacer, lo saludó con lágrimas, y Karol Wojtyla disfrutó cada instante pasado en su pueblo, reconociendo a todas las personas de solo verlas, abrazando a unos cuantos, dando muchos apretones de mano. Encomió a la banda municipal que tocó para él, pero recordó que «antes de la guerra, los más viejos recordábamos, aunque los jóvenes de ahora no recuerdan nada de eso, que teníamos la estupenda banda del Duodécimo Regimiento de Infantería...».

A los chistes y las risas de Wadowice siguió esa misma tarde el sufrimiento y la tristeza del campo de concentración de Oswiecim-Brzesinka. Wojtyla había ido allí muchas veces en el pasado, pero, como dijo durante la misa celebrada en el lugar. «Éste es un santuario muy especial, y yo no podía dejar de venir aquí como papa». Y, una vez más, Juan Pablo mencionó a San Estanislao, el primer mártir de la nación.

Andando lentamente a lo largo de los senderos del campo de concentración, preservado intacto por los polacos en eterna memoria al Holocausto, el Papa se arrodilló ante una tarja con una inscripción en hebreo, otra con una inscripción en ruso y una tercera en polaco. Las palabras hebreas, dijo, «traen a mi mente el recuerdo de una nación cuyos hijos e hijas fueron condenados al exterminio. Esta nación empieza con Abraham, que es "el padre de nuestra fe"... Y esta nación, que recibió de Yahvé Dios el mandamiento, "No

matarás", ha experimentado la muerte de una manera particular...
Nadie puede pasar indiferente junto a esta tarja...»

Una misa en el pueblo mercantil de Nowy Targ, en las entribaciones de los Cárpatos, y otras tres agotadoras jornadas en Cracovia completaron la peregrinación polaca de Juan Pablo II. En iglesias, en la Universidad Jaguelónica y en reuniones con obispos, teólogos, monjes, monjas, jóvenes y enfermos, el papa insistió en su mensaje de fe religiosa y patriotismo —y de su devoción a San Estanislao. Al final, él se había salido con la suya, espiritual y políticamente, en magistral control de su viaje.

1981

El horror fue el tiro de pistola que le dispararon a Juan Pablo II a menos de veinte pies de distancia en la Plaza de San Pedro la tarde del miércoles 13 de mayo de 1981, en un intento de asesinato llevado a cabo por un terrorista turco.

La bala del poderoso Browning Parabellum de 9mm le penetró en el abdomen desgarrándole el colon y el intestino delgado, y le atravesó el sistema venoso de la región sacra. Milagrosamente, en palabras de los cirujanos que lo asistieron, el proyectil pasó a unos milímetros de la aorta central. De haberle alcanzado la aorta, Juan Pablo II habría muerto al instante. La bala obvió otros órganos vitales, como la arteria ilíaca y el uréter, e incluso centros nerviosos cercanos quedaron intactos.

Sin embargo, la cirugía de cinco horas y veinte minutos en el Policlínico Agostino Gemelli, al que llegó en doce minutos en una aullante ambulancia desde el Vaticano, fue bastante riesgosa. Al Papa lo llevaron allí desde la Plaza de San Pedro minutos después de ser alcanzado por una de las dos balas disparadas por Mehmet Ali Agca en medio de veinte mil peregrinos y turistas que asistían a la

Audiencia General semanal (la segunda bala no alcanzó al pontífice). Juan Pablo II estaba de pie en un jeep abierto, y Agca tuvo que disparar en ángulo ascendente desde el pavimento.

Juan Pablo II perdió la conciencia mientras era llevado al hospital, y monseñor Dziwisz, su secretario particular, que estaba con él durante el ataque, decidió administrarle el sacramento de la extremaunción antes de que comenzara la cirugía. Cuando el Dr. Francesco Crucitti, el cirujano jefe, le abrió el abdomen, se lo encontró lleno de sangre, aproximadamente unas seis pintas. El sistema sacro estaba inundado de sangre, la presión arterial del Papa estaba en 70 y se mantenía en descenso, el pulso casi se había desvanecido, y el Dr. Crucitti se dio cuenta de que su paciente había perdido casi tres cuartas partes de su sangre.

Al estancar la hemorragia y comenzar una transfusión masiva, descubrió profundas laceraciones en el colon, que tuvo que suturar, y extirpó veintidós pulgadas de intestino. Finalmente, los médicos tuvieron que tratar la lesión del hombro derecho del Papa y un dedo de la mano izquierda que alcanzó la bala al salir de su cuerpo (dos turistas norteamericanas que estaban de pie cerca fueron gravemente heridas por la misma bala). Y se le rompió un diente durante la anestesia.

Monseñor Dziwisz recordaba que Juan Pablo II, sufriendo un gran dolor luego de ser herido, musitó una breve oración en polaco, «¡María, madre mía...!» antes de perder la conciencia. Dijo que el Papa más tarde le contó que mientras estaba aún consciente, tuvo la seguridad de que sus heridas no eran mortales y de que sobreviviría. Apenas un mes después del atentado, Juan Pablo II recibió en sus apartmentos del Vaticano a una delegación de Solidaridad Rural de Polonia, y alentó a los granjeros en su lucha por el sindicato libre y bendijo sus hogazas de pan. Su robusta constitución y su excelente condición física lo ayudaron a acelerar su recuperación.

En su primera aparición pública en la Plaza de San Pedro luego de cuatro meses de convalecencia, Juan Pablo II explicó a la multitud de peregrinos que el intento de asesinato había sido una «prueba divina» por la cual él le estaba agradecido a Dios. En su propio estilo místico, el Papa dijo: «durante los últimos meses Dios me permitió experimentar el sufrimiento y el peligro de perder mi vida. También me permitió comprender claramente... que ésta era una de sus gracias especiales para mí como hombre y al mismo tiempo... para la Iglesia».

Su sufrimiento incluyó un regreso al hospital a finales de junio para el tratamiento de una peligrosa infección de citomegalovirus —transmitida muy probablemente con la sangre durante la transfusión de emergencia— y una segunda intervención quirúrgica. Era necesario revertir la colostomía realizada como parte de la cirugía original, de manera que el Papa pudiera reanudar sus funciones gástricas naturales. Los doctores habían querido dilatar la segunda operación hasta bien entrado agosto, temiendo un retorno del citomegtalovirus si la hacían prematuramente; pero Juan Pablo II insistía que fuese el 5 de agosto, la fiesta de Nuestra Señora de las Nieves, a fin de regresar al Vaticano el 15 de agosto, la importantísima fiesta de la Asunción.

El Papa se salió con la suya, le quitaron los puntos el 13 de agosto, y se fue del hospital al día siguiente. Luego de la Asunción, viajó por helicóptero a la residencia veraniega de Castel Gandolfo para convalecer.

Un hombre que escribió 462 discursos en sus primeros 257 días de papado (luego se desaceleró un poco), no podía estar ocioso; incluso en el hospital con las entrañas desgarradas, Juan Pablo II no perdió el tiempo. Se reunía diariamente con el Secretario de Estado Casaroli para discutir y decidir un montón de asuntos, trabajaba en las galeras de la encíclica *Laborem exercens* (que se publicaría el 14 de septiembre), celebraba misa en su cuarto, y grababa mensajes para los fieles que se transmitían en la Plaza de San Pedro, a partir del 18 de mayo, el quinto día después del atentado y la fecha en que cumplió sesenta y un años.

En ese mensaje, Juan Pablo II dijo: «Estoy orando por el hermano que me hirió y a quien sinceramente perdono».

1990

Juan Pablo II se ha ido haciendo cada vez más emotivo y pugnaz en su visión del mundo y de los males que lo aquejan al adentrarse en la octava década de su vida. El 18 de mayo de 1990 cumplió setenta años y sus viejos amigos de Cracovia dijeron que nunca antes había mostrado tal emotividad; pero ellos creen, al igual que muchos observadores en Roma y en otras partes, que sus actitudes y su retórica reflejan con exactitud las preocupaciones de muchos otros en el mundo ante la situación de la sociedad contemporánea.

En este sentido, los instintos del Papa pueden estar muy en sintonía con las tendencias y temores mundiales, especialmente entre los jóvenes, y su mensaje puede adecuarse bien al contexto de la época hacia el final del siglo y del milenio, aun si su tono con frecuencia tiende a ser mesiánico, apocalíptico y lindante con la hipérbole.

En la mañana de agobiante calor del 15 de agosto de 1993, fiesta de la Asunción, Juan Pablo II resumió su propia congoja por el actual estado del mundo al dirigirse a medio millón de jóvenes reunidos en el parque estatal de Cherry Creek, cerca de Denver, para el Día Mundial de la Juventud:

> Una «cultura de la muerte» busca imponerse sobre nuestro deseo de vivir y vivir a plenitud. Existen los que rechazan la luz de la vida, prefiriendo las «obras infructuosas de las tinieblas». Su cosecha es la injusticia, la discriminación, la explotación, el engaño, la violencia. En todas las épocas, una medida de su éxito aparente es la muerte de inocentes. En nuestro propio siglo, como en ningún otro momento de la historia, la «cultura de la muerte» ha asumido una forma social e institucional de legalidad para justificar los más horrendos crímenes contra la humanidad: genocidio, «soluciones finales», «limpiezas étnicas», y la eliminación masiva

de seres humanos incluso antes de nacer o de llegar al punto natural de la muerte... Vastos sectores de la sociedad han confundido lo que es correcto con lo que es erróneo, y están a merced de los que tienen el poder de «crear» estados de opinión e imponérselos a los demás.

La noche antes, durante la vigilia de oración en el parque, el Papa le hizo graves advertencias a su público:

> Cristo, el Buen Pastor... ve a tantos jóvenes lanzar sus vidas en una fuga hacia la irresponsabilidad y la falsedad. El abuso de las drogas y el alcohol, la pornografía y el desorden sexual, la violencia: éstos son graves problemas sociales que exigen una respuesta de toda la sociedad, dentro de cada país y a nivel internacional... En una cultura tecnológica en que las personas se acostumbran a dominar la materia, descubriendo sus leyes y mecanismos a fin de transformarla conforme a sus deseos, surge el peligro de querer también manipular la conciencia y sus demandas. En una cultura que sostiene que ninguna verdad universalmente válida es posible, nada es absoluto. Por tanto, al final —dicen— la bondad y la maldad objetivas ya no importan realmente. Dios viene a significar lo que es placentero o útil en un momento particular. El mal significa lo que contradice nuestros deseos subjetivos. Cada persona puede construir su propio sistema de valores.

Los Días Mundiales de la Juventud, establecidos por Juan Pablo II en 1986 como formales reuniones bienales para extender los empeños de la Iglesia en la labor pastoral entre los jóvenes, se han celebrado, antes que en Denver, en Roma, Buenos Aires, Santiago de Compostela (España) y Czestochowa, siempre con la presencia del Papa. Pero él ha tenido éxito en convertirlas en ocasiones jubilosas más que en simples motivos de oración colectiva y ominosas advertencias. Por ejemplo, en el parque estatal de Colorado hubo solistas y combos y una orquesta sinfónica en el estrado gigantesco donde Juan Pablo II se sentó durante largas horas en una butaca, sonriendo, saludando y llevando con el pie el compás de la música, y ocasionalmente haciendo chistes por el micrófono. Gigantescas pantallas de un circuito cerrado de televisión que se alzaban sobre el escenario magnificaban muchas veces su figura para los que se encontraban demasiado lejos para verlo en persona. Esta disposición de ánimo cautivó al público; hubo aplausos rítmicos y ondulaciones.

Siendo Colorado bastante bilingüe, un grupo comenzó a corear en español: «Juan Pablo Segundo: Te ama todo el mundo»; pero el Papa interrumpió con una fingida admonición, también en español, que le encantó a la multitud de jóvenes: «No, no, aquí se habla inglés».

Conclusión

Teólogos, filósofos e historiadores —y gente común de todas partes que han sido de algún modo tocados por Juan Pablo II— debatirán durante años, si no durante décadas, sus méritos y fracasos como pontífice de la Iglesia Católica Romana.

Algunos argüirán que el papa polaco fue un gran líder mundial, en el terreno moral y político, pero que fracasó como jefe de la Iglesia Católica. Otros ofrecerán diferentes interpretaciones según aumente la perspectiva sobre su papado y se reúnan más opiniones sobre su obra y su pensamiento.

Al final, los hechos definirán su papel como supremo pastor de su Iglesia y ofrecerán juicios sobre cómo llevó al catolicismo al tercer milenio de la era cristiana. Sin embargo, no hay duda de que este hombre de amplias sonrisas, largos silencios, resistencia inflexible e infinita ternura para los jóvenes, los enfermos y la humanidad habrá dejado una huella profunda en nuestro mundo. No ha habido nadie como él en nuestra época.

Para conocer a Juan Pablo II, aun superficialmente, basta sentir que él está en paz consigo mismo, con su Dios y con su mundo de una manera sencillamente humana.

Cuando salió de Cracovia para Roma en 1978, con una premonición del futuro, Karol Wojtyla observó sosegadamente que una línea recta conecta la tumba de San Estanislao, el martirizado obispo polaco, en la catedral de Wawel, con la tumba de San Pedro en la basílica del Vaticano. La misma línea recta regresa de Pedro a Estanislao. Wojtyla nunca lo ha olvidado.

Él siempre miraba en dirección a su país.

Tomado de
Palabras de inspiración

Las diversas vocaciones del estado laical

La rica variedad de la Iglesia se manifiesta además dentro de cada estado de la vida. Así pues *dentro del estado laical se presentan diversas «vocaciones»* o, más bien, miembros individuales del laicado fiel toman diversas sendas de la vida espiritual y del apostolado. En el área de una «común» vocación laical florecen las vocaciones laicales «especiales». En este contexto también debemos notar la experiencia espiritual que se ha desarrollado recientemente en la Iglesia con el florecimiento de varias formas de institutos seculares. Estos ofrecen a los fieles laicos, y también a los clérigos, la posibilidad de profesar los designios evangélicos de pobreza, castidad y obediencia mediante votos o promesas, al tiempo de conservar plenamente su propio estado, laical o clerical. Como los padres sinódicos han hecho notar, *«El Espíritu Santo genera otras formas de abnegación, a las cuales pueden dedicarse los que permanecen plenamente en el estado laical»*.

Podemos llegar a la conclusión releyendo un hermoso pasaje de San Francisco de Sales*, quien también promovió la espiritualidad laical. Al hablar de «devoción» o, más bien, de perfección cristiana o de «vida según el Espíritu», explica de una manera sencilla pero inteligente la vocación de todos los cristianos a la santidad y, al mismo tiempo, la forma específica en que los cristianos, individualmente, pueden cumplirla: *«En la creación Dios dispuso que las plantas diesen sus frutos, cada una "según su especie". Del mismo modo él manda a todos los cristianos, que son las plantas vivientes de su Iglesia, a dar los frutos de la devoción,*

---

* San Francisco de Sales (1567–1622) dirigió las enseñanzas de su obra *Introducción a la vida devota* a Filotea, cuyo nombre significa «amante de Dios».

cada cual según su estado y su carácter. *La devoción debe ser practicada de diversa manera por el caballero, el obrero, el siervo, el príncipe, la viuda, la mujer soltera y la casada. Eso no basta, sino que la práctica de la devoción también debe adaptarse a la fuerza, el empleo y los deberes de cada uno en particular... Es un error, o más bien una herejía, intentar excluir la vida devota del regimiento de los soldados, del taller de los mecánicos, de la corte de los príncipes, o de los hogares de las personas casadas. Es cierto, Filotea, que una devoción puramente contemplativa, monástica y religiosa, no puede ejercerse en esos estados pero, además de estos tres tipos de devoción, existen varios otros aptos para brindarles perfección a los que viven en el estado secular. Por tanto, donde quiera que estemos, podemos y debemos aspirar a la vida perfecta».*

En el mismo tono, el Segundo Concilio Vaticano declara: *«Esta espiritualidad laical debería adquirir su carácter particular a partir de las circunstancias del estado de uno en la vida (casados y vida de familia, celibato o viudez), del estado de la salud de uno, y de la actividad profesional y social de uno. No deben todos ellos dejar de cultivar las cualidades y talentos de las que están dotados de acuerdo con estas condiciones, y deberán hacer uso de los dones que han recibido del Espíritu Santo».*

Lo que es válido para las vocaciones espirituales es válido también, y en cierto sentido con mayor razón, para los infinitos modos en los que todos los miembros de la Iglesia son obreros de la viña del Señor, que constituyen el cuerpo místico de Cristo. Verdaderamente cada uno, con su historia personal única y singular, está llamado por su nombre a aportar su propia contribución al advenimiento del Reino de Dios. Ningún talento, no importa cuán pequeño, ha de esconderse o dejarse inutilizado.

A este respecto, el apóstol Pedro nos hace una estricta advertencia: *«que cada cual ponga al servicio de los demás la gracia que ha recibido, como buenos administradores de las diversas gracias de Dios».*

CHRISTIFIDELES LAICI, 56

La transparencia de Cristo

Deben hacer a Cristo presente aceptando sin reservas el espíritu radical de las bienaventuranzas, conscientes de que la vida consagrada es «un medio privilegiado para la evangelización eficaz».

Se fomentará un sentido de participación en la vida de la Iglesia en los que se integren a diversas actividades y sean consolados por la oración. Es bueno observar vuestra creciente convicción de que sois miembros del pueblo de Dios con una especial vocación a la consagración. Es bueno ver en vosotros la Iglesia como la virgen que espera al esposo con la lámpara encendida, una luz para otros y testigos vivientes de los valores del Reino.

Este deseo de transparentar a Cristo para otros os coloca en una posición de gran importancia y dignidad, como hombres y mujeres consagrados en la Iglesia para el bien de toda la humanidad. Vuestros deberes tienen un profundo impacto eclesiástico y social, puesto que podéis ofrecer algo de vosotros mismos, es decir, los dones de una espiritualidad rica y una vasta capacidad para el amor desinteresado. Desde la perspectiva de vuestra integración a la Iglesia, les insto a regocijarse en vuestra presencia especial en plena y fiel comunión con la jerarquía, puesto que no puede haber una genuina integración en la Iglesia fuera del centro de la comunión, que es el obispo en su diócesis. Así pues, vosotros seréis la luz verdadera, la luz de Cristo en su Iglesia, luz que irradia su propia realización.

PARAGUAY, 17 DE MAYO DE 1988

A través de la iniciativa del Salvador y de vuestra generosa respuesta, *Cristo se ha convertido en el propósito de vuestra existencia y en el centro de todos vuestros pensamientos*. Por Cristo vosotros habéis profesado los designios evangélicos; y Cristo les sostendrá en plena fidelidad a Él y en amoroso servicio a su Iglesia.

La consagración religiosa es esencialmente *un acto de amor*: el amor de Cristo por vosotros y, a cambio, vuestro amor por él y por todos sus hermanos y hermanas. Este misterio es proclamado hoy en el Evangelio cuando Jesús dice a sus discípulos: *«como el Padre me amó, yo también os he amado a vosotros; permaneced en mi amor»**. Cristo quiere que permanezcáis en él para ser alimentados por él diariamente en la celebración de la Eucaristía y por devolverle vuestra vida a él mediante la oración y la renuncia de vosotros mismos. Confiando en su palabra y poniendo la fe en su misericordia, responderéis a su amor; ustedes eligieron seguirle más de cerca en castidad, pobreza y obediencia, con el deseo de participar más plenamente en la vida y santidad de la Iglesia. Ustedes desean amar como hermanos y hermanas a todos aquellos a quienes Cristo ama.

FILIPINAS, 17 DE FEBRERO DE 1981

---

* Excepto el texto de la salutación del ángel Gabriel a María en la Anunciación, todas las citas bíblicas son tomadas de la *Biblia de Jerusalén,* Nueva edición revisada y aumentada, (Bilbao, Desclée de Brouwer, 1998), por estimar que es la más confiable de todas las versiones católicas al uso. N. del T.

Más que nunca, nuestro mundo necesita descubrir, en vuestras comunidades y en vuestro modo de vida, el valor de una vida sencilla al servicio de los pobres. Necesita conocer el valor de una vida libremente dedicada al *celibato* para preservarse para Cristo y, con él, amar especialmente a los que no son amados. Necesita conocer el valor de una vida en que la obediencia y la comunidad fraterna desafían silenciosamente los excesos de una independencia que a veces es caprichosa y estéril.

Sobre todo, el mundo necesita del testimonio de la *generosidad del amor de Dios.* Entre los que dudan de Dios o creen que él está ausente, vosotros sois la demostración de que vale la pena buscar al Señor y amarlo por sí mismo, que vale la pena consagrar la vida de uno al Reino de Dios y a su aparente locura. Vuestras vidas pues se han convertido en un signo de la fe indestructible de la Iglesia. El don gratuito de la vida de uno a Cristo y a los demás es tal vez el reto más apremiante para una sociedad en la que el dinero se ha convertido en un ídolo. Vuestra elección confunde, suscita interrogantes, tienta o molesta a este mundo, pero nunca lo deja indiferente. El Evangelio es siempre y de todas las formas, un signo de contradicción.

> *Pero nunca temáis demostrar*
> *vuestra devoción al Señor.*
> ¡Ello os honra!
> ¡Honra a la Iglesia!
> Vosotros tenéis un lugar específico en el cuerpo
>   de Cristo,
> en el cual cada uno de vosotros debe cumplir
> su propia tarea,
> su propio carisma.

Si, con ayuda del Espíritu Santo, buscáis la *santidad* que corresponde a vuestro estado de vida, no tengáis miedo. Él no os abandonará. Las vocaciones vendrán a vosotros.

Y vosotros mismos preservaréis vuestra juventud de espíritu, que no tiene nada que ver con la edad. Sí, vivid en la esperanza. Mantened vuestros ojos fijos en Cristo y caminad firmemente en sus huellas, en gozo y paz.

CANADÁ, 19 DE SEPTIEMBRE DE 1984

«*Si guardáis mis mandamientos, permaneceréis en mi amor*». La fe es la prueba del amor. Además, los cristianos tienen el derecho de exigir de una persona consagrada una sincera adhesión y obediencia a los mandamientos de Cristo y de su Iglesia. Por tanto, vosotros debéis evitar todo lo que pudiera hacer que la gente piense que la Iglesia mantiene una jerarquía dual o un magisterio* dual. Vivid siempre e inculcad un profundo amor por la Iglesia y una adhesión leal por todas sus enseñanzas. Transmitid certezas de fe, no incertidumbres. Comunicad siempre las verdades que el magisterio declara, no ideologías que van y vienen. Edificad la Iglesia, vivid la santidad. Ella os conducirá, si fuere necesario, a la suprema prueba de amor por los demás, porque «*nadie tiene mayor amor, que el que da su vida por sus amigos*».

En consecuencia, deseo expresar todo mi respeto y aliento a los miembros de los institutos seculares y las asociaciones de la vida apostólica, que trabajan activamente y dan testimonio de Cristo, por su presencia especial, en todas las áreas de la vida de la Iglesia.

PERÚ, 1 DE FEBRERO DE 1985

---

* El magisterio es la función de la Iglesia como maestra, cuya tarea es ofrecer una auténtica interpretación de la palabra de Dios, ya sea en su forma escrita o como tradición.

Vosotros sois llamados a asumir vuestro papel en la evangelización del mundo. Sí, los laicos son *«un pueblo escogido, un sacerdocio santo»*. Son llamados a ser *«la sal de la tierra»* y *«la luz del mundo»*. Es su vocación y su singular misión manifestar el Evangelio en sus vidas y también agregarlo como levadura al mundo en el que viven y trabajan. Las grandes fuerzas que gobiernan el mundo —la política, los medios de difusión masivos, la ciencia, la tecnología, la cultura, la educación, la industria y el trabajo— representan precisamente las áreas en las cuales los laicos son competentes para llevar a cabo su misión. Si estas fuerzas son controladas por personas que son verdaderos discípulos de Cristo y cuyo conocimiento y talentos les hacen, al mismo tiempo, expertos en sus campos particulares, el mundo será verdaderamente cambiado desde dentro por el poder redentor de Cristo.

28 DE AGOSTO DE 1980

¡Sed testigos!

Me gustaría instaros hoy: *Sed testigos*. Testigos de la esperanza que se arraiga en la fe. Testigos de lo invisible en una sociedad secularizada, que demasiado a menudo ignora toda dimensión trascendente.

Sí, almas consagradas: entre los pueblos de esta generación, que están tan inmersos en lo *relativo*, vosotros debéis ser voces que hablen de lo *absoluto*. ¿Tal vez vosotros habéis puesto, como quien dice, todos vuestros recursos en las balanzas del mundo, inclinándolas alegremente hacia Dios y los bienes prometidos por él? Vosotros habéis hecho una elección decisiva sobre vuestra vida: habéis optado por la generosidad y la dádiva frente a la avaricia y el interés personal; habéis elegido depender del amor y de la gracia, desafiando a aquellos que os consideran ingenuos e ineficaces; habéis colocado todas las esperanzas en el Reino de los Cielos, cuando muchos alrededor de vosotros sólo se esfuerzan por agenciarse una estancia cómoda en la tierra.

Depende de vosotros ahora *integrarse*, a pesar de todas las dificultades. El destino espiritual de muchas almas está vinculado a vuestra fe y a vuestra integración.

Debéis ser el constante recordatorio de ese destino que se revela en el tiempo pero que tiene como meta la eternidad, siendo testigos con vuestras palabras y, aun más con vuestras vidas, de que debemos necesariamente dirigirnos hacia aquél que es el inescapable fin y término de la parábola de nuestra existencia.

> Vuestra vocación
> os convierte en la vanguardia
> de la humanidad que marcha:
> en vuestras oraciones
> y en vuestro trabajo,
> en vuestro gozo
> y en vuestro sufrimiento,

en vuestros éxitos
y en vuestras pruebas,
la humanidad debe poder encontrar
el modelo y el futuro
de lo que también
está llamada a ser,
a pesar de sus propias cargas
y de sus propias avenencias.

BOLONIA, 18 DE ABRIL DE 1982

El mundo necesita de vuestro testimonio

El mundo actual necesita ver vuestro amor por Cristo; necesita de un testimonio público de la vida religiosa: como Pablo VI dijo una vez: *«El hombre moderno escucha con más disposición a los testigos que a los maestros, y si escucha a los maestros lo hace porque son testigos».* Si los no creyentes de este mundo han de creer en Cristo, necesitan de vuestro fiel testimonio —testimonio que brote de vuestra plena confianza en la generosa misericordia del Padre y en vuestra fe constante en el poder de la cruz y la resurrección. Por tanto, los ideales, los valores, las convicciones que son los fundamentos de vuestra dedicación a Cristo deben traducirse al lenguaje de la vida diaria. En medio del pueblo de Dios, en la comunidad eclesiástica local, vuestro testimonio público es parte de vuestra contribución a la misión de la Iglesia. Como dice San Pablo: *«...sois una carta de Cristo... escrita no con tinta sino con el Espíritu de Dios vivo, no en tablas de piedra sino en tablas de carne, en los corazones».*

FILIPINAS, 17 DE FEBRERO DE 1981

Interesarse en el mundo a fin de transformarlo

Los cristianos, y especialmente vosotros, los miembros del laicado, estáis llamados por Dios a interesarse en el mundo a fin de transformarlo según el Evangelio. Vuestro compromiso personal con la verdad y la honestidad ocupa un lugar importante en el cumplimiento de esa tarea, porque un sentido de responsibilidad con la verdad constituye uno de los puntos de encuentro fundamentales entre la Iglesia y la sociedad, entre la Iglesia y cada hombre o mujer. La fe cristiana no ofrece soluciones preconcebidas para los complejos problemas de la sociedad contemporánea, pero si ofrece una profunda comprensión de la naturaleza humana y sus necesidades, invitándoos a decir la verdad en la caridad, a asumir vuestras responsabilidades como buenos ciudadanos, y a trabajar, junto con vuestro prójimo, para construir una sociedad en la cual los genuinos valores cristianos se fomenten y se intensifiquen a través de una versión cristiana compartida de la vida.

Nairobi, 7 de mayo de 1980

Tenemos que ser para otros

Nuestro tiempo exige personalidades maduras y equilibradas.

La confusión ideológica produce personalidades inmaduras y necesitadas; la propia pedagogía vacila y a veces se extravía. Por esta misma razón, el mundo moderno anda ansiosamente en busca de modelos, y casi siempre se queda desencantado, derrotado, humillado. Es por eso que tenemos que desarrollar personalidades maduras, lo cual significa aprender a controlar nuestro egoísmo, asumiendo nuestros propios papeles de responsabilidad y liderazgo, e intentando ser nosotros mismos dondequiera que estemos y en cualquier trabajo que hagamos.

Nuestro tiempo exige serenidad y valor para aceptar la realidad tal como es, sin críticas desalentadoras ni fantasías utópicas, para amarla y salvarla.

Todos vosotros, pues, comprometeos a alcanzar estos ideales de «madurez», a través del amor al deber, la meditación, la lectura espiritual, el examen de vuestra conciencia, la orientación espiritual y el uso regular del sacramento del arrepentimiento. La Iglesia y la sociedad moderna necesitan personalidades maduras: ¡debemos suplir esa necesidad, con la ayuda de Dios!

Finalmente, nuestro tiempo exige un serio compromiso con la santidad.

¡Las necesidades espirituales del mundo actual son inmensas! Resulta casi aterrador mirar a los infinitos bosques de edificios en una metrópoli moderna, habitada por incontable número de personas. ¿Cómo podremos llegar a todas estas personas y conducirlas a Cristo?

La certeza de que somos meramente instrumentos de la gracia acude a nuestra ayuda: actuando en el alma individual está Dios mismo, con su amor y su misericordia.

Nuestro genuino compromiso de por vida debe ser con la santificación personal, de manera que podamos ser aptos y eficaces instrumentos de la gracia.

El más veraz y sincero deseo que tengo para vosotros es sólo éste: «¡Santificaos y pronto seréis santos!

PARROQUIA DE SAN PÍO V, 28 DE OCTUBRE DE 1979

Si habéis encontrado a Cristo, proclamadlo en primera persona

¡Si habéis encontrado a Cristo, vivid a Cristo, vivid con Cristo! Proclamadlo en primera persona, como genuino testimonio: *«Para mí la vida es Cristo»*. En esto consiste la verdadera liberación: proclamar a Jesús libre de ataduras, presente en hombres y mujeres, transformados, hechos nuevas criaturas. ¿Por qué en cambio a veces nuestro testimonio parecer ser en vano? Porque presentamos a Jesús sin el pleno poder seductor de su persona, sin revelar los tesoros del sublime ideal inherente a seguirlo; y porque no siempre tenemos éxito en demostrar convicción, traducida en conceptos vivos, respecto al extraordinario valor del don de nosotros mismos a la causa eclesiástica que servimos.

Hermanos y hermanas: es importante que los hombres vean en nosotros dispensadores de los misterios de Dios, testigos verosímiles de su presencia en el mundo. Con frecuencia recordamos que Dios, cuando nos llama, no nos pide solamente una parte de nuestra persona, sino toda nuestra persona y todas nuestras energías vitales, de manera que podamos anunciar a los hombres el gozo y la paz de una nueva vida en Cristo, y guiarles a un encuentro con él. Así pues, sea nuestra primera preocupación buscar al Señor y, una vez que lo hayamos encontrado, observar dónde y cómo vive, estando con él todo el día. Estando con él, de manera especial, en la Eucaristía, donde Cristo se nos entrega; y en la oración, a través de la cual nos entregamos a él. La Eucaristía debe practicarse y extenderse en nuestras acciones diarias como un «sacrificio de alabanza». En oración, en el confiado contacto con Dios nuestro Padre, podemos discernir mejor dónde radican nuestras fuerzas y nuestras debilidades, porque el Espíritu acude a nuestra ayuda. El mismo Espíritu nos habla y lentamente nos sumerge en los misterios divinos, en el designio del amor de Dios por la humanidad, que él lleva a cabo mediante nuestra disposición a servirle.

26 DE ENERO DE 1979

Queridos amigos, os invito sobre todo a *dar gracias a Dios*. Él os ofrece un don extraordinario al llamaros a dejar todo para seguirle y servirle. Este llamado puede oírse de muchas maneras: puede llegar a ser parte de la historia secreta de cada uno; la Iglesia lo confirma. Preservad la memoria de las bendiciones del Señor, y caminad en la esperanza. Los dones del Señor se dan sin arrepentimiento. En esta senda, vosotros, al igual que Cristo, al igual que María, obviamente encontraréis su cruz. Vosotros sufrís debido a los obstáculos que el Evangelio encuentra, cuando vuestra misión es predicar al mundo; sufrís también por cuenta de vuestras labores, vuestras limitaciones, a veces por vuestra debilidad. *Estad contentos* de encontraros tan cerca de Cristo y de ser tan útiles a la Iglesia. Incluso si, a menudo, no podéis comprobar visiblemente los resultados de vuestro ministerio, regocijaos, como Jesús le dijo a sus apóstoles, por el hecho de que vuestros nombres están escritos en el Cielo. Si sois fieles, siempre encontraréis la paz de Cristo.

Vosotros conocéis la senda de la fe. Poned la oración en el centro de vuestras vidas. Vivid en estrecha unión con Cristo. Vivid con él todos los encuentros y actividades de vuestro apostolado. Permaneced unidos entre vosotros, de manera que ninguno de vosotros carezca de apoyo fraternal.

BÉLGICA, 18 DE MAYO DE 1985

«¡*Ánimo!*», os dice Jesús, «*yo he vencido al mundo*».

Si Jesús os pide fe, es porque él os ha dado antes la fe, os dio la fe cuando, con un gesto de amor absolutamente gratuito, os llamó a seguirle más de cerca, y a dejar «*casa, hermanos, hermanas, madre, padre, hijos o hacienda por mí y por el Evangelio*». Os dio la fe cuando, con un derramamiento especial del Espíritu, os consagró y, en medio de la diversidad de dones y ministerios, «*os he elegido a vosotros y os he destinado para que vayáis y deis fruto, y que vuestro fruto permanezca*». Os dio la fe cuando os escogió y os envió —a vosotros precisamente— a ser heraldos de su Reino, testigos de su Resurrección, un signo profético de los «*nuevos cielos y nueva tierra, en los que habite la justicia*».

Vuestra misión, al igual que la misión de toda la Iglesia al final del segundo milenio cristiano, no es fácil.

Jesús no le ocultó a sus apóstoles las *dificultades de la misión*: el rechazo, la hostilidad, la persecución que encontrarían. «*Si el mundo os odia, sabed que a mí me ha odiado antes que a vosotros... Acordaos de la palabra que os he dicho: el siervo no es más que su señor. Si a mí me han perseguido, también os perseguirán a vosotros*».

Eso que podría parecer un obstáculo a vuestra misión se convierte, a la luz de la fe, en el secreto de su fecundidad. La presencia del Cristo pascual nos garantiza, justo en el momento en que parecemos derrotados, que somos los vencedores, de hecho «más que vencedores». Es la lógica extraordinaria que fluye de la Cruz. En el nivel humano, la Cruz de Jesús es un notable fracaso; pero de ella deriva la explosiva novedad que cambió la faz de la vida y la historia humana.

He aquí el secreto de nuestra fe: cuando somos débiles, es cuando somos fuertes; y cuanto más débiles somos, tanto más fuerte somos, porque tanto más dejamos que la presencia y el poder del Cristo pascual resplandezca a través de nosotros. Y con esta paradoja la Iglesia ha caminado por dos mil años ya y seguirá caminando... nada más, sólo esta paradoja.

El Espíritu de Dios es el Espíritu de la vida, que puede hacer que ésta surja aun donde todo parece muerto y reseco. Es por eso que podemos y debemos tener fe. No sólo podemos, sino que debemos. La esperanza para los cristianos, y aun más para los consagrados, no es un lujo, es un deber. Esperar no es soñar; por el contrario, es dejarse atrapar por aquél que puede transformar el sueño en realidad.

REGIO EMILIA, 6 DE JUNIO DE 1988

Esforzaos por ser testigos del amor de Cristo poniendo en práctica su palabra de vida.

Cuando ayudáis a vuestro prójimo, cualquiera que sea, proclamáis las Buenas Nuevas de Cristo, que hace posible la hermandad universal.

Cuando visitáis a un enfermo, sois un signo de la misericordia de Cristo hacia el que sufre.

Cuando perdonáis, incluso a vuestro peor enemigo, sois un signo del perdón de Cristo, que nunca alentó odio en su corazón.

Cuando rehusáis acusar a alguien sin pruebas, proclamáis la venida del Reino de Dios y su justicia, en el que nadie queda excluido.

Cuando, como cónyuges cristianos, permanecéis fieles en matrimonio, sois un estímulo para todos y un signo del pacto de amor eterno entre Dios y el hombre.

Cuando, como jóvenes, hombre o mujer, os reserváis para aquel que será vuestro cónyuge, sois testimonio del valor singular que puede construir el amor.

Cuando irradiáis a Cristo, despertáis un deseo de entrega total a su servicio e inspiráis nuevas vocaciones sacerdotales y religiosas.

Cuando, a plena luz, llamáis mal al mal y rehusáis practicarlo, sois testigos de la luz de Cristo.

Quiera nuestro Señor de Paz ayudaros a ser, para vuestros hermanos y hermanas, hombres y mujeres de luz, autores de paz y reconciliación que puedan ser edificadores de un mundo más justo y fraterno.

CHAD, 30 DE JUNIO DE 1990

Vosotros debéis ser *señal y levadura de la hermandad.* Dios desea construir en el mundo la gran familia de Dios, donde todos los hombres, de todas las razas, color y condiciones, puedan vivir juntos en un espíritu de hermandad y paz. Vosotros sois ya una maravillosa manifestación de esta familia. Por tanto, podéis ayudar a vuestro pueblo a establecerse como un pueblo-familia, proveniente de diferentes familias y culturas...

Finalmente, debéis ser *la señal y levadura del amor liberador y salvífico de Dios para su pueblo y para todos los hombres.* El amor consagrado se origina en el Espíritu Santo, pero como una respuesta a situaciones y necesidades de la Iglesia y de los hombres. Dios es el Salvador y no quiere que nadie se pierda.

Todos aquellos que se os acercan querrían ver la faz de Cristo Redentor, «*que quiere que todos los hombres se salven y lleguen al conocimiento pleno de la verdad*». Sed testigos de Dios en vuestro modo de vida y en vuestra oración, abiertos a «*los inmensos espacios de la caridad, de la proclamación evangélica, de la educación cristiana, de la cultura y de la solidaridad con los pobres, los discriminados, los marginados y los oprimidos*». Sed el vehículo de la esperanza liberadora para los que padecen esclavitud, y conducid a vuestros hermanos y hermanas al sacramento de la misericordia divina, de la reconciliación.

Sed una señal de Dios. Vosotros debéis ser sus testigos: él es el centro y la fuente de la vida para la humanidad.

ANGOLA, 9 DE JUNIO DE 1992

La Iglesia querría dar gracias a la Santísima Trinidad por «el misterio de la mujer» y, por cada mujer —por lo que constituye la eterna medida de su dignidad femenina, por las «grandes obras de Dios» que a lo largo de la historia humana se han realizado en ella y a través de ella. Después de todo, ¿no ha sido el acontecimiento más grande de la historia humana —la encarnación de Dios mismo— realizado en ella y a través de ella?

La Iglesia, por tanto, *da gracias por todas y cada una de las mujeres:* por las madres, por las hermanas, por las esposas; por las mujeres consagradas a Dios en virginidad; por las mujeres dedicadas a los muchos seres humanos que esperan por el gratuito amor de otra persona; por las mujeres que cuidan a los seres humanos en la familia, la cual es el signo fundamental de la comunidad humana; por las mujeres que trabajan profesionalmente, y quienes a veces llevan la carga de una gran responsabilidad social; por las mujeres *«perfectas»* y por las mujeres «débiles» —por todas las mujeres tal como provienen del corazón de Dios en toda la belleza y la riqueza de su femineidad; tal como han sido abrazadas por su amor eterno; tal como, junto con los hombres, son peregrinas en esta tierra, que es el «hogar» temporal de la humanidad y que a veces se transforma en un «valle de lágrimas»; tal como asumen, junto con los hombres, una responsabilidad común por el destino de la humanidad, según las necesidades diarias y según el destino definitivo que la familia humana tiene en Dios mismo, en el seno de la inefable Trinidad.

La Iglesia da gracias *por todas las manifestaciones del «genio» femenino* que han aparecido en el curso de la historia, en medio de todos los pueblos y naciones; da gracias por todos los carismas que el Espíritu Santo ha distribuido a las mujeres en la historia del pueblo de Dios, por todas las victorias que la Iglesia le debe a la fe, la esperanza y la caridad de las mujeres: ella da gracias por todos los frutos de la santidad femenina.

La Iglesia pide, al mismo tiempo, que estas inapreciables «manifestaciones del Espíritu», que son generosamente derramadas sobre las «hijas» de la eterna Jerusalén sean atentamente reconocidas y apreciadas, de manera que puedan ser devueltas para el común beneficio de la Iglesia y de la humanidad, especialmente en nuestra época. Ponderando el misterio bíblico de «la mujer», la Iglesia ora que todas las mujeres puedan descubrirse en este misterio y descubrir también su «suprema vocación».

MULIERIS DIGNITATEM, 31

Estar con Jesús

¿Cómo es posible para una persona consagrada, dedicada por entero a la actividad apostólica, crecer en su vida interior sin iguales períodos de oración y adoración?

El silencio es un espacio vital dedicado al Señor, en una atmósfera de escuchar su palabra y asimilarla; es un santuario de oración, la forja de la reflexión y la contemplación. Para permanecer fervientes y celosos en el ministerio, uno debe poder recibir inspiración divina desde adentro. Y eso sólo es posible si uno es capaz de *estar con el divino Maestro*. Jesús no llamó a los Doce sólo para *«enviarles a predicar y a tener el poder de curar enfermedades y de expulsar demonios»*, sino, sobre todo, para que *«ellos estuviesen con él»*.

Estar con Jesús: sea éste vuestro mayor deseo. Estar con él como los apóstoles estuvieron y, aun antes, en Nazaret, María y José. Hablarle de una manera íntima, escucharle, seguirlo dócilmente: esto no es sólo un requisito inteligible para los que quieren seguir al Señor; es también una condición indispensable de toda evangelización auténtica y creíble. Es un predicador vacío de la Palabra —observa con toda propiedad San Agustín— quien primero no la escucha dentro de sí.

Estad unidos con Cristo para siempre. Los métodos que la milenaria sabiduría de la Iglesia nunca se cansa de recomendar a los fieles, de manera que puedan estar dispuestos a la gracia sobrenatural —frecuente práctica del sacramento del arrepentimiento, devota participación en la Santa Misa, celebración de la liturgia de las horas, la *Lectio Divina,* el culto eucarístico, los Ejercicios Espirituales, el rezo del rosario— deben ser procurados y cultivados por vosotros, queridos hermanos y hermanas, aun con más razón, porque vosotros estáis más estrechamente unidos a la misión del Redentor.

Antes de ser organizadores de vuestras comunidades, sed modelos de oración y de perfección espiritual para ellos. Recurriendo constantemente a la oración, seréis capaces de obtener toda la fortaleza necesaria para sobreponeros a las dificultades, vencer las tentaciones y crecer en caridad y fidelidad a vuestra vocación.

SORRENTO, 19 DE MARZO DE 1992

Concluyo alentándoos a ser hombres y mujeres de *oración,* porque el Espíritu de Dios debe ser el alma de vuestro apostolado, permear vuestros pensamientos, vuestros deseos, vuestras acciones; purificarlos, elevarlos. Al igual que los sacerdotes y religiosos, los laicos son llamados a la santidad; la oración es el honroso camino. Y luego tendréis muchas ocasiones de agradecer y de interceder por todos aquellos de quienes estáis cerca. Sé con gran placer que ha habido un verdadero avivamiento de la oración, que se traduce, entre otras cosas, en un florecimiento de los grupos de oración, pero que también, espero yo, inspire la vida de vuestros movimientos. ¡Alabado sea Dios! Que la Virgen María acompañe siempre el apostolado que realizáis en el nombre de su Hijo. Y al expresar mi confianza y mi gozo, yo os bendigo, junto a los miembros de vuestros movimientos y a vuestros amigos y familiares, desde lo profundo de mi corazón.

FRANCIA, 31 DE MAYO DE 1980

La Virgen sigue siendo el modelo para todas las personas consagradas. Ella es la mujer consagrada, la Virgen de Nazaret, quien, por escuchar, orar y amar, fue escogida para ser la Madre de Dios. *«Sí toda la Iglesia encuentra en María su modelo fundamental, vosotros que sois personas y comunidades consagradas dentro de la Iglesia tenéis aún más razones para hacerlo».*

Humilde y olvidada de sí misma, María dedicó su vida a que la voluntad del Señor pudiera cumplirse en ella. Su vida fue puesta al servicio del plan de salvación de Dios.

Ella fue verdaderamente feliz y afortunada. Privada de cualquier poder que no procediera de la fuerza del Espíritu que le hizo sombra, no evitó la Cruz, sino que vivió en fidelidad conyugal al Señor como modelo y Madre de la Iglesia.

Quiera la Virgen acompañaros siempre; quiera ella enseñaros la senda de la fe y la humilde alegría que proviene de poner vuestra existencia al servicio del Reino; quiera ella guiaros y alentaros en la senda de la santidad y en vuestras actividades evangélicas.

En esta ocasión deseo dirigir una palabra especial de aliento a los miembros de los institutos seculares, quienes, en su estilo de vida consagrada, ratificada por el Segundo Concilio Vaticano, realizan un servicio extremadamente importante en la Iglesia, al responder a los nuevos retos apostólicos y ser en sí mismos la levadura de Cristo en el mundo.

Vuestro carisma representa un servicio de gran valor en el mundo de hoy. Vuestras actividades apostólicas glorifican a Dios y contribuyen efectivamente al logro de esa civilización del amor que es el plan divino para la humanidad, la cual espera su glorioso advenimiento.

CHILE, 3 DE ABRIL DE 1987

Oh, María,
Madre de misericordia,
vela sobre todo el mundo,
de manera que la cruz de Cristo no sea en vano,
de manera que el hombre no se aparte de la senda del bien,
o se enceguezca ante el pecado,
sino que ponga su esperanza cada vez más plenamente
   en Dios
que es «rico en misericordia».
Quiera él llevar a cabo generosamente las buenas obras
preparadas de antemano por Dios
y así vivir completamente
«en alabanza de su gloria».

VERITATIS SPLENDOR

La era de las misiones no ha terminado

La era de las misiones no ha terminado;
Cristo aún necesita
hombres y mujeres generosos
que se conviertan en mensajeros
de las Buenas Nuevas
hasta los confines de la tierra.
No tengáis miedo de seguirle.
¡Compartid gratuitamente con otros
la fe que habéis recibido!
«Ningún creyente en Cristo,
ni ninguna institución de la Iglesia
puede distanciarse de este deber supremo:
proclamar a Cristo a todas las gentes».

GAMBIA, 23 DE FEBRERO DE 1992

Tomado de
Una invitación a orar

La Iglesia existe para la oración

Me gustaría hablaros acerca del *llamado a la oración*.

Hemos meditado en estas palabras de Jesús: «*Orad que podáis tener fuerzas... para comparecer ante el Hijo del Hombre*». Y nosotros acogemos de nuevo con beneplácito el llamado a la oración que proviene de Cristo mismo para cada uno de nosotros y para toda la Iglesia. *El llamado a la oración coloca el total compromiso de la Iglesia en la perspectiva adecuada*. En 1976, Pablo VI, hablando del «llamado al compromiso», declaró que «*en la tradición de la Iglesia todo llamado a la acción es ante todo un llamado a la oración*». Estas palabras tienen gran significación también hoy. Son como un estímulo para la Iglesia en todas partes del mundo.

La Iglesia Universal de Cristo, y por ende toda iglesia en particular, *existe para la oración*. En oración el individuo expresa su naturaleza; la comunidad expresa su vocación; la Iglesia se acerca a Dios. En oración la Iglesia entra en comunión con el Padre y con su Hijo, Jesucristo. *En oración la Iglesia expresa su vida trinitaria,* porque se dirige al Padre, está sujeta a la acción del Espíritu Santo, y vive plenamente la relación con Cristo. Ciertamente, *se experimenta* como el Cuerpo de Cristo, como Cristo místico.

La Iglesia encuentra a Cristo en oración en las profundidades de su ser. De este modo descubre la verdad de sus enseñanzas y asume su mentalidad. Al procurar vivir una relación personal con Cristo, la Iglesia comprende plenamente la dignidad personal de sus miembros. En oración, la Iglesia se concentra en Cristo; toma a Cristo, toma posesión de él, degusta su amistad, y por tanto es capaz de comunicarla. Sin oración, carecería de todo esto y la Iglesia no tendría nada que ofrecerle al mundo. Pero a través del ejercicio de la fe, la esperanza y la caridad en oración, su capacidad de comunicar a Cristo se fortalece.

La oración *es el objetivo de toda catequesis* en la Iglesia, puesto que es un medio de unión con Dios. Mediante la oración, la Iglesia expresa la autoridad de Dios y cumple el primer y gran mandamiento del amor.

Todos los aspectos de la existencia humana están marcados por la oración. *La oración revoluciona la obra del hombre,* la levanta a su nivel más alto. La oración es el medio por el cual el trabajo se humaniza del todo. En la oración el valor del trabajo se comprende, porque captamos el hecho de que somos verdaderamente colaboradores de Dios en la acción de transformar y elevar el mundo. La oración consagra esta colaboración. Al mismo tiempo, la oración es un modo de confrontar los problemas de la vida, y toda empresa pastoral es concebida y llevada adelante en oración.

El llamado a la oración debe preceder el llamado a la acción, pero el llamado a la acción debe en efecto acompañar el llamado a la oración. *La Iglesia encuentra en la oración la raíz del compromiso social* —la capacidad de motivarlo y sostenerlo. En oración descubrimos las necesidades de nuestros hermanos y hermanas y las hacemos nuestras necesidades, porque en oración descubrimos que sus necesidades son las necesidades de Cristo. *La oración forma la conciencia social.* Según las palabras de Jesús, la justicia y la misericordia son «lo más importante de la ley». El compromiso de la Iglesia con la justicia y su búsqueda de misericordia sólo tendrán éxito si el Espíritu Santo concede el don de la perseverancia: este don debe buscarse en la oración.

En la oración llegamos a un entendimiento de las bienaventuranzas y las razones para vivirlas. Sólo mediante la oración podemos comenzar a ver las aspiraciones de los hombres según la perspectiva de Cristo. Sin las intuiciones de la oración, nunca podríamos captar *todas las dimensiones del desarrollo humano* y la urgencia de la comunidad cristiana de comprometerse con esta obra.

La oración nos invita a examinar nuestras conciencias respecto a todos los problemas que afligen a la humanidad. Nos invita a evaluar nuestras responsabilidades, personales y colectivas, ante el juicio de Dios y a la luz de la solidaridad humana. Por esta razón, la oración transforma al mundo, renueva todas las cosas, tanto en los individuos como en las sociedades. *Surgen nuevas metas y nuevos ideales.* La dignidad y la acción cristiana se reafirman. Las promesas del bautismo, la confirmación y las órdenes sagradas adquieren nueva urgencia. La oración abre los horizontes del amor conyugal y de la misión de la familia.

La sensibilidad cristiana depende de la oración. La oración es la condición esencial —aunque no es la única— *para hacer una lectura correcta de «los signos de los tiempos».* Sin la oración resultamos inevitablemente engañados en este delicado asunto.

Las decisiones exigen oración; las decisiones más importantes exigen una oración intensa. Jesús mismo nos dio el ejemplo. Antes de juntar a los discípulos, para poder elegir a doce de ellos, Jesús pasó la noche en la montaña, en comunión con el Padre. Para Jesús, orar al Padre no significaba tan sólo luz y fortaleza. Significaba también confianza, entrega y gozo. Su naturaleza humana se regocijaba en la oración. En todas las épocas, la intensidad del gozo de la Iglesia es proporcional a su oración.

La fuerza de su autoridad y la condición para conservar su confianza son la fidelidad a la oración. Los misterios de Cristo se revelan a los que se acercan a él en oración. La plena aplicación del Segundo Concilio Vaticano siempre estará condicionada a la oración. Los grandes avances hechos por el laicado en la Iglesia, en entender cuánto pertenecen a la Iglesia, pueden explicarse, en último análisis, sólo por la gracia y su aceptación en la oración.

En la vida de la Iglesia actual con frecuencia notamos que *el don de la oración va unido a la Palabra de Dios.* Un renovado descubrimiento de las Sagradas Escrituras ha desarrollado los frutos de la oración. La palabra de Dios, aceptada y meditada, tiene el poder de poner nuestros corazones en más íntima comunión con la Santa Trinidad. Esto sucede cada vez más en la Iglesia de hoy. Los beneficios que recibimos a través de la oración que se une a la Palabra de Dios nos impelen a responder con más oraciones (oraciones de alabanza y acción de gracias).

La Palabra de Dios genera oración en todas las comunidades. Al mismo tiempo es en oración que la Palabra de Dios se entiende, se aplica y se vive. Para todos nosotros que somos ministros del Evangelio, con la responsabilidad pastoral de anunciar la Buenas Nuevas *oportunas e inoportunas* —a tiempo y a destiempo— y de examinar cuidadosamente la realidad de la vida diaria a la luz de la sagrada Palabra de Dios, la oración es el contexto en el que preparamos la declaración de fe. *Toda evangelización se prepara en oración;* en oración se aplica ante todo a nosotros mismos; en oración, se le ofrece después al mundo.

Toda iglesia local es verdaderamente tal en la medida en que sea una comunidad de oración, con todo el dinamismo resultante que la oración produce. La Iglesia universal nunca es tan idéntica a sí misma que al reflejar fielmente la imagen de Cristo en oración: el Hijo que, orando, entrega todo su ser al Padre y se consagra por amor de sus hermanos, *«para que ellos también sean santificados en la verdad».*

Por esta razón, queridos hermanos en el episcopado, deseo alentaros en todos vuestros esfuerzos *de enseñar a la gente a orar.* Es la tarea de la Iglesia Apostólica transmitir las enseñanzas de Jesús a todas las generaciones, ofrecer fielmente a todas las iglesias locales la respuesta de Jesús a la petición: *«Enséñanos a orar».* Os garantizo mi apoyo y el de toda la Iglesia en vuestro compromiso de *predicar la importancia de la oración diaria y a dar ejemplo de oración.* A partir de las palabras de Jesús sabemos que dondequiera que dos o tres se reúnan en su nombre, él está en medio de ellos. Y sabemos que en cada iglesia local reunida en oración en torno al obispo vive la incomparable belleza de toda la Iglesia Católica como la imagen fiel de Cristo en oración.

En su tarea de pastor de la Iglesia Universal, el sucesor de Pedro es llamado a vivir en comunión de oración con sus hermanos obispos y sus diócesis, y por esta razón todas vuestras iniciativas para promover la oración cuentan con mi apoyo pleno. En caridad fraterna y pastoral, yo estoy cerca cuando vosotros llamáis a vuestro pueblo a la oración diaria, cuando les invitáis a descubrir en oración su dignidad como cristianos. *Cada iniciativa diocesana o parroquial* que nos exhorta a una oración más intensa, tanto por parte de individuos como de familias, es una bendición para la Iglesia universal. Cada grupo que se reúne a rezar el rosario es un don para el Reino de Dios. Sí, dondequiera que dos o tres se reúnan en nombre de Cristo, él está allí. Las comunidades contemplativas son un don especial del amor de Dios por su pueblo. Necesitan y merecen la totalidad de vuestro amor y de vuestro apoyo pastoral. Su trabajo particular en el mundo es testificar de la supremacía de Dios y de la primacía del amor de Cristo, *«que sobrepasa todo entendimiento»*.

Profundamente convencidos del poder de la oración y humildemente dedicados a ella, queridos hermanos, proclamamos confiadamente a través de toda la Iglesia el llamado a la oración. Está en juego la misma necesidad de la Iglesia de ser ella, la Iglesia en oración, para gloria del Padre. El Espíritu Santo nos asistirá y los méritos del misterio pascual de Cristo suplirán nuestra debilidad humana.

El ejemplo de María, la Madre de Jesús, como el modelo de oración, es una fuente de segura confianza para todos nosotros. Mirándola a ella cobramos conciencia de que su ejemplo sostiene a nuestros sacerdotes, religiosos y laicos. Sabemos que su generosidad es una herencia a proclamar e imitar por toda la Iglesia.

A UN GRUPO DE OBISPOS NORTEAMERICANOS
EN UNA VISITA *«AD LIMINA»**
10 DE JUNIO DE 1988

---

* La visita *ad límina* significa, técnicamente, la obligación de los obispos de visitar en fechas fijas los «umbrales de los Apóstoles», San Pedro y San Pablo, y de presentarse ante el Papa para rendirle cuentas del estado de sus diócesis.

¿Por qué orar?

Debemos «siempre orar y no desmayar».

¿Por qué debemos orar?

Debemos orar en primer lugar porque somos creyentes.

La oración es en efecto el reconocimiento de nuestros límites y de nuestra dependencia: provenimos de Dios, somos de Dios, ¡y a Dios volvemos! Por tanto, no podemos más que entregarnos a él, nuestro Señor y Creador, con absoluta y total confianza.

La oración es ante todo un acto de inteligencia, un sentimiento de humildad y de gratitud, una actitud de confianza y de entrega a aquél que nos dio la vida por amor.

La oración es un diálogo misterioso pero real con Dios, un diálogo de confianza y amor.

Somos, sin embargo, cristianos, y debemos orar como cristianos.

En efecto, para los cristianos la oración adquiere un carácter particular, que cambia su naturaleza íntima y su íntimo valor.

El cristiano es un discípulo de Jesús; él cree verdaderamente que Jesús es el Verbo Encarnado; el Hijo de Dios que habitó en medio nuestro en esta tierra.

Por tanto, el cristiano sabe que su oración es Jesús; cada una de sus oraciones parte de Jesús; es él quien ora en nosotros, con nosotros, por nosotros.

Todos los que creen en Dios oran; pero los cristianos oran en Jesucristo: ¡Cristo es nuestra oración!

La mayor oración es la Santa Misa, porque en la Santa Misa Jesús mismo está plenamente presente, renovando el sacrificio de la Cruz; pero todas las oraciones son válidas, especialmente el Padrenuestro, que él mismo quiso enseñarle a los apóstoles y a todos los hombres de la tierra.

Al decir las palabras del Padrenuestro, Jesús creó un modelo específico y, al mismo tiempo, universal. Ciertamente, todo lo que podemos y debemos decirle al Padre está contenido en esas siete peticiones, que todos nos sabemos de memoria. Son tan sencillas que hasta un niño puede aprendérselas, pero al mismo tiempo tan profundas que uno puede pasar toda la vida meditando en su significado.

Finalmente, debemos seguir orando porque somos frágiles y llenos de culpa.

Debemos reconocer de manera humilde y realista que somos pobres criaturas, de ideas confusas, tentados por el mal, frágiles y débiles, en continua necesidad de fuerza y consuelo interiores.

—La oración nos da la fuerza para los grandes ideales, la fuerza para mantener nuestra fe, caridad, pureza y generosidad.

—La oración nos da el valor para salir de la indiferencia y del pecado si, infortunadamente, hemos cedido a la tentación y a la debilidad;

—La oración nos da la luz para ver y para considerar los acontecimientos de nuestra propia vida y de la historia misma desde la perspectiva salvífica de Dios y la eternidad.

Por tanto, ¡orad sin cesar! ¡No dejemos pasar un día sin orar un poco! La oración es un deber, pero es también un gran gozo, porque es un diálogo con Dios a través de Jesucristo.

Celebrad la Santa Misa todos los domingos, y si es posible algunas veces durante la semana también; decid todos los días oraciones en la mañana y en la noche y en cualesquiera otros momentos oportunos.

14 DE MARZO DE 1979

Oración en familia

La familia siempre ha sido el centro de la atención eclesial.

Si preguntamos el «porqué» de tal interés, no es difícil hallarlo en el *amor y el servicio que la Iglesia le debe al hombre*. El cristianismo es la religión de la Encarnación, es la gozosa proclamación de un Dios que viene a encontrarse con el hombre y a hacerse hombre.

Por esta razón, siempre desde mi primera encíclica, no he dudado en afirmar que el hombre es el *«camino de la Iglesia»*, intentando con eso recordar y de alguna manera desandar el camino recorrido por Dios mismo cuando, a través de la Encarnación y la Redención, emprende viaje por la senda de su creación.

Pero, ¿cómo conocer al hombre, sin conocer a la familia? El hombre es esencialmente un ser «social»; para ser más preciso, uno podría decir un ser «familiar». La familia es el lugar natural de su ingreso en el mundo, es el ambiente en que normalmente recibe lo que necesita para desarrollarse; es el primordial núcleo emocional que le brinda coherencia y confianza, es la primera escuela de relaciones sociales.

Podemos decir: he aquí «el Evangelio de la familia», que la Iglesia intenta presentar con renovada energía. Este año, que el Señor nos ofrece, será de testimonio y de proclamación, tiempo de reflexión y tiempo de conversión: *un tiempo especial de oración,* oración *por* la familia, oración *en* familia, oración *de* familia.

Es hora de descubrir el valor de la oración, su misteriosa fuerza, su capacidad no sólo de llevarnos de regreso a Dios, sino de adentrarnos en la *verdad radical del ser humano.*

Cuando una persona ora, se coloca ante Dios, un tú, un tú divino, y al mismo tiempo comprende la verdad más íntima de su propio «yo»: Tú el divino, yo el humano, el ser personal creado a imagen de Dios.

Esto sucede de manera semejante en la *oración en familia:* poniéndose a la luz del Señor, la familia siente que es profundamente un *sujeto comunal,* un «nosotros» cementado por un eterno designio de amor, que nada en el mundo puede destruir.

Miramos a María, la esposa y madre de la familia de Nazaret. Ella es un icono viviente de oración, *en una familia de oración.* Precisamente por esta razón es también la imagen de la serenidad y la paz, de la dádiva y la fe, de la ternura y la esperanza. Y lo que ella es, toda familia debe serlo también.

> Virgen santísima, te pedimos
> nos enseñes a orar.
> Te pedimos
> el gran don del amor
> en todas las familias del mundo.
>
> ÁNGELUS, 30 DE ENERO DE 1994

A Dios el Creador

Dios, tú eres nuestro Creador.
Tú eres bueno
y tu misericordia es infinita.
Dios, tú nos has dado a nosotros los hombres
una ley interior
por la que debemos vivir.
Hacer tu voluntad:
y cumplir nuestra tarea.
Seguir tus caminos
y conocer la paz del alma.
Te ofrecemos nuestra obediencia.
Guíanos en todas las iniciativas
que emprendemos en la tierra.
Líbranos de nuestra tendencia al mal,
que distancia nuestros corazones
de tu voluntad.
No nos permitas
invocar tu nombre
para justificar la contienda humana.
Oh, Dios, tú eres uno y el único.
A ti te adoramos.
No nos alejes de ti.
Dios, juez de todos los hombres,
ayúdanos a estar entre los escogidos
en el último día.
Dios, autor de la justicia y de la paz,
concédenos verdadero gozo
y genuino amor
y hermandad perdurable
entre los pueblos.
Llénanos de tus dones eternos.
¡Amén!

19 DE AGOSTO DE 1985

«Aunque él era rico, se hizo pobre»

Te damos gracias, oh, Padre nuestro, por la Palabra que se hizo carne y, en esa noche de Belén, vino a vivir entre nosotros.

Te damos gracias por la Palabra, con la cual tu comunicaste por la eternidad la santa realidad de tu divinidad.

Te damos gracias por la Palabra, en la cual antes del comienzo del tiempo, decidiste crear al mundo, de manera que pudiera dar testimonio de ti.

Te damos gracias, porque en tu Palabra *tú amaste al hombre* «antes de la fundación del mundo».

Te damos gracias, porque en él, tu Hijo escogido, decidiste *renovar toda la creación;* decidiste *redimir al hombre.*

Te damos gracias, Padre eterno, por la noche de Belén cuando Dios nació, cuando la Palabra se hizo carne y el *poder de la Redención* vino a vivir entre nosotros.

Te damos gracias por *la herencia de tu gracia,* que no has quitado del corazón del hombre, sino que has renovado a través del nacimiento terrenal de tu Hijo, de manera que nosotros, por medio de su Cruz y su Resurrección, pudiéramos recuperar, de generación en generación, *la dignidad de los hijos de Dios* que se perdió por el pecado; la dignidad de hermanos adoptados de tu eterno Hijo. Te damos gracias, Padre santo, por tu *santo nombre,* que has permitido que florezca en nuestros corazones a través de la Redención del mundo.

Te damos gracias, Padre eterno, por la *maternidad de la Virgen María,* quien bajo la protección de José, el carpintero de Nazaret, trajo a tu Hijo al mundo, en la pobreza.

Te damos gracias, Padre celestial, por el Niño acostado en un pesebre, en quien «se manifestó la bondad y la amorosa generosidad de Dios nuestro Salvador».

Te damos gracias, Padre eterno, *por este amor,* que viene como un *tierno infante en la historia de cada hombre.*

Te damos gracias, porque «aunque él era rico, se hizo pobre por nosotros, de manera que nosotros pudiéramos llegar a enriquecernos por medio de su pobreza».

Te damos gracias por la maravillosa *economía de la Redención* del hombre y del mundo, que se reveló por primera vez en la noche del nacimiento en Belén.

¡Padre nuestro!

Mira con los ojos del Niño recién nacido a los hombres que mueren de hambre, mientras gigantescas sumas se dedican a las armas. Mira el dolor indescriptible de los padres que deben presenciar la agonía de sus hijos que les piden el pan que ellos no tienen, y que podría procurarse con una ínfima fracción de las cuantiosas sumas que se gastan en medios sofisticados de destrucción, debido a los cuales las nubes que se acumulan en el horizonte de la humanidad se tornan cada vez más amenazantes.

Oye, Padre, el clamor de paz que se levanta de las poblaciones martirizadas por la guerra, y háblales a los corazones de los que pueden ayudar a encontrar, mediante la negociación y el diálogo, justas y honorables soluciones a los conflictos actuales.

Mira la senda ansiosa y atormentada de tantas personas que luchan para encontrar los medios de subsistencia, para avanzar y levantarse.

Mira el dolor y la angustia que laceran las almas de los que se ven obligados a vivir lejos de sus familias o que viven en familias desgarradas por el egoísmo y la infidelidad; o los que se quedan sin trabajo, sin hogar, sin país, sin amor, sin esperanza.

Mira a los pueblos que carecen de gozo y de seguridad, porque ven sus derechos fundamentales violados; mira a nuestro mundo de hoy, con sus esperanzas y sus desencantos, con su valor y su cobardía, con sus nobles ideales y sus humillantes avenencias.

Insta a los individuos y a los pueblos a derribar el muro del egoísmo, de la agresión y el odio, para abrirse al respeto fraterno hacia todos los individuos, de cerca y de lejos, porque todos somos humanos, porque somos hermanos y hermanas en Cristo.

Capacita a cada uno de nosotros a brindar la debida ayuda a los necesitados, a darnos a nosotros mismos por el bien de todos, a renovar nuestros corazones en la gracia de Cristo el Redentor.

Ayuda a tu Iglesia a hacer lo máximo por los pobres, por los desposeídos, por los que sufren.

Preserva y fortalece en todos los corazones el anhelo de fe en ti y la bondad hacia nuestros hermanos; la búsqueda de tu presencia y de tu amor; la confianza en tu poder redentor, la seguridad en tu perdón, y la entrega a tu Providencia.

¡Jesucristo, el Hijo del Dios viviente, nació esa noche en Belén de la Virgen María! ¡Jesucristo, nuestro hermano y nuestro Redentor! ¡Con tu primera mirada, abarca los problemas que afligen al mundo de hoy! Nacido en la tierra, recibe en tu comunión a todos los pueblos y naciones de la tierra.

Recíbenos a todos, hombres y mujeres, tus hermanos y hermanas que necesitan de tu amor y tu misericordia.

25 DE DICIEMBRE DE 1983

Dios de nuestro trabajo diario

«Te bendecimos, Dios del universo». *Sí, bendito seas tú, Señor, ¡Dios de nuestras familias!* Dios de nuestro trabajo diario. ¡Dios de nuestras alegrías y de nuestras penas!

Te rogamos por todos aquellos que sufren, por los que no tienen dinero, los que no tienen ninguna educación, los que están necesitados de afecto: haznos atentos a sus carencias y enséñanos a compartir.

Te rogamos por los desempleados y por los jóvenes que buscan trabajo: ayúdanos a preparar un lugar para ellos en nuestra sociedad.

Te rogamos por los enfermos, por los que han perdido toda esperanza de recuperación, por los que están cercanos a la muerte: sostenlos, confórtalos, consuélalos, dales paciencia y serenidad.

Te rogamos por aquellos en esta nación que están hambrientos, por los exiliados, por los refugiados. Señor, dueño de lo imposible, ponle fin a nuestras penas, ensancha nuestros corazones y congréganos en la unidad.

Finalmente, *¡te rogamos y te glorificamos* por todos nuestros hermanos y hermanas en el mundo en quienes encontramos tu rostro!

Te rogamos y te glorificamos por la familias, ¡y especialmente por aquellos que te entregaron una vida desde sus hogares!

9 DE SEPTIEMBRE DE 1990

Padre nuestro que estás en los cielos

Padre santo, amigo de todas las criaturas,
sempiternamente en tu Palabra
nos amaste y nos ideaste
y deseaste que reconociéramos tu rostro
en el rostro de tu Unigénito
nacido de María.
En él, probado en todo como nosotros,
excepto en el pecado,
padeciste nuestra debilidad;
en él su misericordia se extiende
de generación en generación para siempre.
Padre santo,
mira a tu pueblo
como, luego de celebrar el memorial
de la pasión y la muerte del Señor,
sigue el Camino de la Cruz,
orando en espera de la Resurrección.
Compartimos el grito de dolor de tu Hijo,
su eco repercute en el grito
que se levanta de incontables cruces
de hombres y mujeres de todas las épocas.
Estamos en comunión
con su ofrenda de amor,
con su Pasión que se acerca al final:
en el período trágico
del sufrimiento y de la muerte
rogamos que el diálogo confiado de nosotros tus hijos
contigo, Padre,
en el Espíritu de tu Hijo,
nunca cese.
Él vive y reina por los siglos de los siglos.

ORACIÓN INICIAL DEL VIA CRUCIS,
2 DE ABRIL DE 1999

Oración por el tercer año de preparación para el Gran Jubileo de 2000

Bendito seas tú, Señor,
Padre celestial,
porque en tu infinita misericordia
miraste la miseria del hombre
y nos diste a Jesús, tu Hijo,
nacido de mujer,
nuestro Salvador y amigo,
hermano y Redentor.
Gracias, Padre bueno,
por el don del año del Jubileo;
permite que sea un tiempo favorable,
el año del gran regreso a la casa de nuestro Padre,
donde tú, lleno de amor,
esperas a tus hijos perdidos
para darles el abrazo del perdón
e invitarlos a tu mesa,
vestidos con trajes de fiesta.

¡Para ti, Padre, nuestra eterna alabanza!

Padre misericordiosísimo,
en el Año Santo
te rogamos que el amor por ti florezca vigorosamente,
y también por nuestro prójimo:
que los discípulos de Cristo
promuevan la justicia y la paz;
que las Buenas Nuevas
sean proclamadas a los pobres,
y que la Madre Iglesia dirija

su amor preferencial
hacia los pobres y los marginados.

¡Para tí, Padre, nuestra eterna alabanza!

Padre justo,
que el gran jubileo sea una ocasión propicia
para que todos los católicos redescubran el gozo
de vivir atentos a tu Palabra
y entregados a tu voluntad;
que sientan el valor
de la comunión fraterna
partiendo juntos el pan
y alabándote con himnos y cánticos espirituales.

Oh, Padre, rico en misericordia,
que el Santo Jubileo sea un tiempo de apertura,
de diálogo y de encuentro
entre todos los creyentes en Cristo
y los seguidores de otras religiones.
En tu inmenso amor
sé generoso con misericordia para todos.

¡Para tí, Padre, nuestra eterna alabanza!

Oh, Dios, Padre Todopoderoso,
que todos tus hijos conozcan
que la dulce María Santísima los acompaña
en el camino hacia ti,
el destino final del hombre:
ella que es el icono del amor puro,
escogida por ti para ser
la Madre de Cristo y de la Iglesia.

¡Para tí, Padre, nuestra eterna alabanza!

Para ti, Padre de la vida,
principio sin principio,
máxima bondad y luz eterna,
con el Hijo y con el Espíritu,
honor y gloria, prez y gratitud,
hasta el fin de los tiempos.
Amén.

Viernes Santo

¡Cristo Jesús! Estamos a punto de concluir este día del Viernes Santo al pie de tu Cruz. Así como hace mucho en Jerusalén, tu madre, Juan, y la Magdalena y otras mujeres estuvieron al pie de Cruz, así estamos nosotros aquí. Profundamente conmovidos por la importancia del momento. Las palabras no pueden expresar todo lo que sienten nuestros corazones. En esta noche —cuando, luego de descenderte de la Cruz, te pusieron en una tumba al pie del Calvario— queremos *pedirte que sigas con nosotros por medio de tu Cruz*: tú, que a través de la Cruz te separaste de nosotros. Oramos que permanezcas con la Iglesia, que permanezcas con la humanidad, que no te desalientes si muchos, tal vez, pasan junto a tu Cruz indiferentemente, si algunos se mantienen a distancia de ella, y otros no llegan hasta allí.

Y no obstante, acaso nunca más que hoy el hombre ha necesitado de este poder y este conocimiento que tú mismo eres, tu solo: por medio de tu Cruz.

Quédate, pues, con nosotros en este profundo misterio de tu muerte, en el cual tú revelaste cuánto «Dios amó al mundo». Quédate con nosotros y atráenos hacia ti, tú que caíste debajo de esta Cruz. Quédate con nosotros a través de tu Madre, a quien tú, desde la Cruz, confiaste a cada hombre en particular.

¡Mora con nosotros!

Stat Crux, dum volvitur orbis! Sí, «¡la Cruz permanece constante mientras el mundo gira!

11 DE ABRIL DE 1979

«Señor, quédate con nosotros»

«Señor, quédate con nosotros».

Los discípulos dijeron estas palabras por primera vez en Emaús. Posteriormente, en el curso de los siglos, siempre han estado en los labios de tantos de tus discípulos y confesores, innumerables veces, oh, Cristo.

Profiero las mismas palabras, *para invocarte,* Cristo, en tu presencia eucarística, para recibir con alegría el culto diario que perdura a través de todo el día en este templo.

Quédate con nosotros hoy, y quédate, de ahora en adelante, todos los días.

¡Quédate! De manera que podamos *encontrarte* en la oración de adoración y acción de gracias, en la oración de expiación y de petición.

¡Quédate! Tú que, al mismo tiempo, estás *velado* en el misterio eucarístico de la fe y *develado* bajo las especies del pan y el vino, con las cuales te has asumido en este sacramento.

¡Quédate! De manera que puedas incesantemente reafirmar tu presencia en este templo, y todos los que entren puedan saber que es tu casa «la morada de Dios entre los hombres», y encuentren la misma fuente de vida y santidad que mana de tu corazón eucarístico.

La Eucaristía es el testimonio sacramental de *tu primera venida,* por la cual les han confirmado las palabras de los profetas y se han cumplido sus expectativas. Tú nos dejaste, oh Señor, tu cuerpo y tu sangre bajo las especies del pan y el vino para que pudieran dar testimonio de la redención del mundo al tiempo que la revelan —de manera que a través de ellas tu misterio pascual pueda llegar a todos los hombres como el Sacramento de vida y salvación. Al mismo tiempo, la Eucaristía es un heraldo permanente de *tu segunda venida* y la señal del Advenimiento y de las expectativas finales de toda la Iglesia: *«Anunciamos tu muerte, Señor, proclamamos tu Resurrección, en espera de tu venida».*

Anhelamos adorarte todos los días y a toda hora, reducido a las «especies del pan y el vino», para renovar la esperanza del «llamado a la gloria» cuyo comienzo tu estableciste con tu cuerpo glorificado *a la diestra del Padre*».

Un día, Señor, le preguntaste a Pedro: «*¿Me amas?*».

Le preguntaste tres veces —y tres veces el Apóstol respondió: *«Señor, tú lo sabes todo, tú sabes que te quiero». La respuesta de Pedro se expresa a través* de esta adoración todos los días y durante todo el día.

Todos los que participamos en la adoración de tu presencia eucarística damos testimonio cada vez que lo hacemos, y hacemos que la verdad contenida en las palabras del Apóstol resuenen nuevamente: «Señor, tú lo sabes todo; *tú sabes que te quiero*».

Amén.

INAUGURACIÓN DE LA EXPOSICIÓN PERMANENTE
DE LA EUCARISTÍA EN SAN PEDRO,
2 DE DICIEMBRE DE 1981.

Quédate con nosotros

Señor,
el día ya declina,
quédate con nosotros.
Quédate para iluminar nuestras dudas
y nuestros temores.
Quédate para que podamos reavivar
nuestra luz con la tuya.
Quédate para ayudarnos a ser
fuertes y generosos.
Quédate para que en un mundo
que tiene poca fe y esperanza
podamos ser capaces de alentarnos
mutuamente
y de sembrar la fe y la esperanza.
Quédate
para que nosotros, también, podamos aprender de ti
a ser la luz para otros jóvenes
y para el mundo.

11 DE ABRIL DE 1984

Culto eucarístico

Señor Jesús,
estamos reunidos aquí ante ti.
Tú eres el Hijo de Dios hecho hombre,
crucificado por nosotros y resucitado por el Padre.
Tú, el viviente,
verdaderamente presente entre nosotros.
Tú, el camino, la verdad y la vida:
tú, que sólo tienes palabras de vida eterna.
Tú, el único fundamento de nuestra salvación
y el único nombre al que invocar
si hemos de tener esperanza.
Tú, la imagen del Padre
y el dador del Espíritu;
tú, amor: ¡amor no amado!
Señor Jesús, creemos en ti,
te adoramos,
te amamos con todo nuestro corazón,
y proclamamos tu nombre sobre cualquier otro nombre.

En este momento solemne
te pedimos por nuestra ciudad.
Vela por ella, oh Cristo, desde tu Cruz.
y sálvala.
Vela por los pobres, los enfermos
los ancianos, los marginados,
los muchachos y las muchachas
que han tomado sendas desesperadas,
las muchas familias con problemas y afligidas por
    el infortunio
y los males de la sociedad.
¡Escucha y ten piedad!

Mira a los que ya no saben cómo creer
en el Padre que está en el Cielo,
a los que ya no perciben tu ternura,
a los que no pueden
leer en tu rostro,
oh Crucificado,
su pena y su pobreza,
y sus sufrimientos.
Mira cuántos yacen en pecado,
lejos de ti,
que eres la fuente de agua viva:
la única que apaga la sed
y calma los anhelos de la inquieta ansiedad
del corazón humano.
¡Mira hacia ellos y ten piedad!

Bendice a nuestra ciudad y a nuestro barrio.
Bendice a todos los obreros
que con su quehacer diario
atienden las necesidades de las familias
y el progreso de la sociedad.
Bendice a los jóvenes,
de manera que la esperanza de un mundo mejor
no se extinga en sus corazones,
ni el deseo de dedicarse generosamente
a construirlo.
Bendice a los que nos gobiernan,
para que puedan trabajar en pro de la justicia y de la paz.
Bendice a los sacerdotes
que dirigen a las comunidades,
a los religiosos, las religiosas, los consagrados.
Bendice al seminario y da a la diócesis
hombres y mujeres jóvenes y generosos
dispuestos a aceptar el llamado

a entregarse completamente al servicio del Evangelio
y de sus hermanos y hermanas.

Oh, Señor Jesús, permite
que nuestra comunidad parroquial
sea confirmada
en la fe del bautismo,
de manera que pueda poseer el gozo de la verdad,
¡el único camino que conduce a la vida!
Otórgale la gracia de la reconciliación
que brota de tu corazón traspasado,
Oh, Crucificado:
para que, reconciliada y unida,
pueda constituir una fuerza
que trascienda las divisiones,
y, leudada por una nueva mentalidad
de solidaridad y participación,
sea un llamado viviente a seguirte a ti
que te hiciste hermano de todos nosotros.
Finalmente, permítele ser una comunidad
mensajera de la esperanza para todos los hombres
    y mujeres,
y que este testimonio de esperanza
les aliente a dedicarse a trabajar,
por un mundo más unido y pacífico,
conforme a la voluntad de tu Padre,
nuestro Creador.

Señor Jesús,
danos paz, tú que eres la paz
y en tu Cruz transcendiste todas las divisiones.
Y haznos
verdaderos trabajadores en pro de la paz y la justicia:
hombres y mujeres

que estén comprometidos a edificar
un mundo más justo,
más unido y más fraterno.

Señor Jesús,
vuelve a estar en medio nuestro
y haznos vigilantes
en la expectación de tu venida.
Amén.

16 DE JUNIO DE 1985

Oración por las familias

Señor Jesús, te damos gracias porque el Evangelio del amor del Padre, con el cual tú viniste a salvar al mundo, ha sido proclamado a lo largo y ancho de América, como un don del Espíritu Santo que nos llena de júbilo.

Te damos gracias por el don de tu vida, que nos has dado amándonos hasta el fin: haznos hijos de Dios y hermanos y hermanas los unos de los otros. Aumenta nuestra fe y nuestro amor por ti, Señor, que estás presente en los muchos tabernáculos del continente.

Concede que podamos ser fieles testigos de tu Resurrección para las generaciones más jóvenes, de manera que conociéndote puedan seguirte y encuentren en ti su paz y su gozo. Sólo entonces sabrán que son hermanos y hermanas de todos los hijos de Dios, esparcidos a través del mundo. Tú, que, al hacerte hombre, escogiste pertenecer a la familia humana, enseña a las familias las virtudes que iluminaron el hogar de Nazaret. Que las familias siempre estén unidas, así como tú y el Padre son uno, y que sean testigos vivientes del amor, la justicia y la solidaridad; hazlas escuelas de respeto, perdón y ayuda mutua, para que el mundo crea; ayúdalas a ser una fuente de vocaciones al sacerdocio, a la vida consagrada, y a todas las otras formas del firme compromiso cristiano.

Protege a tu Iglesia y al sucesor de Pedro, a quien tú, Buen Pastor, has confiado la tarea de apacentar a tu rebaño. Concede a tu Iglesia florecer y producir más ricos frutos de santidad. Enséñanos a amar a tu madre, María, como tú la amaste. Danos la fuerza de proclamar tu palabra con valor en la labor de la nueva evangelización, de manera que el mundo pueda conocer una nueva esperanza.

ECCLESIA IN AMERICA
(EXHORTACIÓN APOSTÓLICA,
26 DE ENERO DE 1999)

Mensaje para el Día Mundial de Oración por las Vocaciones, 1998

Espíritu de amor eterno,
que procede del Padre y del Hijo,
te damos gracias por todas las vocaciones
de apóstoles y santos
que han enriquecido a la Iglesia.
Te pedimos que prosigas
esta obra tuya.
Recuerda cuando, en Pentecostés,
descendiste sobre los Apóstoles
congregados en oración
con María, la Madre de Jesús,
y mira a tu Iglesia hoy, que tiene
particular necesidad de sacerdotes santos
para ser fieles y verdaderos testigos
de tu gracia;
que necesita hombres y mujeres consagrados,
que demuestren el gozo
de los que viven sólo para el Padre,
que hacen suya la misión
y la ofrenda de Cristo,
que edifican en caridad
el mundo nuevo.
Espíritu Santo,
perenne manantial de paz y gozo,
tú eres quien abre el corazón y la mente
al llamado divino;
tú el que haces eficaz
todo impulso hacia el bien,
hacia la verdad, hacia la caridad.
Tú anhelas profundamente las palabras

que se alzan hasta el Padre desde el corazón de la Iglesia,
que sufre y lucha por el Evangelio.
Abre los ojos y las mentes
de los jóvenes,
para que una nueva floración
de santas vocaciones
manifieste la fidelidad de tu amor,
y todos puedan conocer a Cristo,
la luz verdadera que vino al mundo
a ofrecerle a todo ser humano
la segura esperanza de la vida eterna.
Amén.

¡Madre del amor hermoso!

Salve, oh Madre, Reina del mundo.
Tú eres la Madre del amor hermoso,
tú eres la Madre de Jesús
la fuente de toda gracia,
el perfume de todas las virtudes,
el espejo de todas las purezas.
Eres gozo en el quebranto,
victoria en la batalla,
esperanza en la muerte.
¡Cuán dulce el gusto
de tu nombre en nuestros labios,
cuán amable armonía
en nuestros oídos,
qué éxtasis en nuestros corazones!
Tú eres felicidad de los que sufren,
corona de los mártires
belleza de las vírgenes.
Te imploramos que después de este exilio
nos conduzcas
a poseer a tu hijo, Jesús.
Amén.

María, estrella de la evangelización

María, bajo la inspiración del Espíritu Santo, dijiste que las generaciones te llamarían bienaventurada. Alzamos el himno de las pasadas generaciones, para que no se interrumpa y exaltamos en ti lo que es más luminoso, lo que la humanidad le ofreció a Dios: la criatura humana en su perfección, recreada en justicia y santidad, en una incomparable belleza que llamamos «Inmaculada» o «llena de gracia».

Madre, tú eres la «nueva Eva». La Iglesia de tu Hijo está consciente que sólo con «hombres nuevos» puede haber evangelización, es decir, pueden llevarse al mundo las Buenas Nuevas, de manera que, por tu intercesión, la novedad del Evangelio —la simiente de la santidad y la fecundidad— nunca se ausente de ella.

María, adoramos al Padre por las cualidades que te distinguen, pero lo adoramos también porque para nosotros tú eres siempre «la esclava del Señor», pequeña criatura. Porque fuiste capaz de decir «fiat» —«hágase»— te convertiste en la esposa del Espíritu Santo y en la Madre del Hijo de Dios.

Madre, que apareces en las páginas del Evangelio mostrando a Cristo a los pastores y a los magos, haz que todo evangelizador —obispo, sacerdote, religioso, monja, padre o madre, joven o niño— sea poseído por Cristo de manera que pueda dárselo a conocer a otros.

María, que estás oculta en la multitud mientras tu Hijo realiza las milagrosas señales del advenimiento del Reino de Dios, y quien habla sólo para decir que tú harás todo lo que él pida, ayuda a los evangelizadores a predicar no de sí mismos, sino de Jesucristo.

Madre, envuelta en el misterio de tu Hijo, a menudo sin comprenderlo, y no obstante guardando todas las cosas y sopesándolas en tu corazón, haznos evangelizadores conscientes de que, más allá de la tecnología y de la estrategia, las preparaciones y los planes, evangelizar consiste en sumergirnos en el misterio de Cristo e intentar comunicar algo de él a nuestros hermanos y hermanas.

Señora de humildad en la verdad, que nos enseñaste en el cántico profético que «Dios siempre exalta a los humildes», ayuda «a los sencillos y a los pobres», que te buscan con piedad popular; ayuda a los pastores a guiarlos a la luz de la verdad y, cuando los pastores deban erradicar los elementos que no son genuinos y purificar expresiones de la devoción popular, hazlos ser fuertes y comprensivos al mismo tiempo.

Madre, al igual que los discípulos en la Última Cena, pedimos tu intercesión, la constante asistencia del Espíritu Santo y la docilidad para recibirlo en la Iglesia; pedimos por los que buscan la verdad de Dios y por aquellos que deben servirla y vivirla. Que Cristo sea por siempre «la luz del mundo» y que el mundo nos reconozca como sus discípulos, de manera que podamos morar en su palabra y conocer la verdad que nos hará libres con la libertad de los hijos de Dios. Así sea.

8 DE JULIO DE 1980

EL "PADRE NUESTRO" DESDE DIOS

Hijo mío que estás en la tierra,
preocupado, solitario, tentado;
yo conozco perfectamente tu nombre,
y lo pronuncio como santificándolo,
porque te amo.
No, no estás solo, sino habitado por Mí,
y juntos construimos ese Reino,
del que tú vas a ser heredero.
Me gusta que hagas mi voluntad,
porque mi voluntad es que tú seas feliz,
ya que la gloria de Dios
es el hombre viviente.

Cuenta siempre conmigo
y tendrás pan para hoy; no te preocupes,
sólo te pido que sepas
compartirlo con tus hermanos.
Sabes que perdono tus ofensas
antes incluso de que las cometas;
por eso te pido que hagas lo mismo
con los que te ofenden.
Para que nunca caigas en la tentación,
tómate fuerte de mi mano
y yo te libraré del mal,
pobre y querido hijo mío.

José Luis Martín Descalzo.

Amoroso consuelo

Oh Santísima Virgen, ¡se tú la única y sempiterna consolación de la Iglesia a la que amas y proteges! Consuela a tus obispos y a tus sacerdotes, misioneros y religiosos, que deben iluminar y salvar la sociedad moderna, que es difícil y a veces hostil. Consuela a las comunidades cristianas, dándoles el don de muchas firmes vocaciones sacerdotales y religiosas.

Consuela a todos los que tienen cargos de autoridad y responsabilidad civil y religiosa, social y política, de tal manera que tengan como su meta única y constante el bien común y el desarrollo integral de la humanidad, pese a las dificultades y derrotas.

Consuela a este pueblo, que te ama y te venera, consuela a las muchas familias inmigrantes, a los desempleados, a los que sufren, a los que llevan en cuerpo y alma las heridas causadas por situaciones extremas; consuela a los jóvenes, especialmente a los que se encuentran, por tantas dolorosas razones, confundidos y desalentados; consuela a los que sienten en sus corazones el anhelo del amor altruista, de la caridad, de la abnegación, a todos los que cultivan elevados ideales de realización espiritual y social.

Oh, Madre y consoladora, consuélanos a todos nosotros, y haznos a todos entender que el secreto de la felicidad consiste en la bondad, y en seguir fielmente a tu hijo, Jesús.

14 DE ABRIL DE 1980

Nos acogemos a tu protección, Santa Madre de Dios

«¡Nos acogemos a tu protección, Santa Madre de Dios!»

Madre de los hombres y de los pueblos, tú que "conoces todos sus sufrimientos y esperanzas", tú que sientes maternalmente todas las luchas entre el bien y el mal, entre la luz y las tinieblas que invaden el mundo contemporáneo, acoge nuestro grito que, movidos por el Espíritu Santo, elevamos directamente a tu corazón: abraza con amor de Madre y de Sierva del Señor a este mundo humano nuestro, que te confiamos y consagramos, llenos de inquietud por la suerte terrena y eterna de los hombres y de los pueblos.

De modo especial confiamos y consagramos a aquellos hombres y aquellas naciones, que tienen necesidad particular de esta entrega y de esta consagración.

«¡Nos acogemos a tu protección, Santa Madre de Dios!»

¡No deseches las súplicas que te dirigimos en nuestras necesidades!

¡No nos rechaces!

¡Acepta nuestra humilde confianza y nuestro acto de entrega!

He aquí que, encontrándonos hoy ante ti, Madre de Cristo, ante tu Corazón Inmaculado, deseamos, junto con toda la Iglesia, unirnos a nuestro Redentor en esta consagración por el mundo y por los hombres, la cual, en su Corazón divino tiene el poder de conseguir el perdón y de procurar la reparación.

Bendita seas *por encima de todas las creaturas,* tú, Sierva del Señor, que de la manera más plena obedeciste a la llamada divina.

Te saludamos a ti, que estás *totalmente unida* a la consagración redentora de tu Hijo.

Madre de la Iglesia: ilumina al Pueblo de Dios en los caminos de la fe, de la esperanza y de la caridad. Ilumina especialmente a los pueblos de los que tú esperas nuestra consagración y nuestro ofrecimiento. Ayúdanos a vivir en la verdad de la consagración de Cristo por toda la familia humana del mundo actual.

Al encomendarte, oh Madre, el mundo, todos los hombres y pueblos, *te confiamos también la misma consagración* del mundo, poniéndola en tu corazón maternal.

¡Corazón Inmaculado! Ayúdanos a vencer la amenaza del mal, que tan fácilmente se arraiga en los corazones de los hombres de hoy y que con sus efectos inconmensurables pesa ya sobre la vida presente y da la impresión de cerrar el camino hacia el futuro.

¡Del hambre y de la guerra, *líbranos!*

¡De la guerra nuclear, de una autodestrucción incalculable y de todo tipo de guerra, *líbranos!*

¡De los pecados contra la vida del hombre desde su primer instante, *líbranos!*

¡Del odio y del envilecimiento de la dignidad de los hijos de Dios, *líbranos!*

¡De toda clase de injusticias en la vida social, nacional e internacional, *líbranos!*

¡De la facilidad de pisotear los mandamientos de Dios, *líbranos!*

¡De la tentativa de ofuscar en los corazones humanos la verdad misma de Dios, *líbranos!*

¡Del extravío de la conciencia del bien y del mal, *líbranos!*

¡De los pecados contra el Espíritu Santo, *líbranos!, ¡líbranos!*

Acoge, oh Madre de Cristo, este grito lleno de sufrimiento de todos los hombres. *Lleno del sufrimiento* de sociedades enteras.

Que aparezca, una vez más, en la historia del mundo el infinito poder salvador de la Redención: el poder del *amor misericordioso.* Que éste detenga el mal. Que transforme las conciencias. Que en tu Corazón Inmaculado se abra a todos *la luz de la esperanza.*

13 DE MAYO DE 1982

Nos consagramos a ti

¡Dios te salve, María!
Con el ángel te saludamos: llena eres de gracia.
El Señor es contigo.
Te saludamos con Isabel. Bendita eres entre todas
    las mujeres,
y bendito es el fruto de tu vientre; bendita tú,
¡porque creíste en las promesas divinas!
Te saludamos con las palabras del Evangelio:
Bendita eres porque escuchaste la Palabra de Dios y
    la cumpliste.

¡Llena eres de gracia!
Te alabamos, amada hija del Padre.
Te alabamos, Madre del Verbo divino.
Te adoramos, Templo del Espíritu Santo.
Te invocamos, Madre y modelo de toda la Iglesia.
Te contemplamos, perfecta imagen de las esperanzas
    de toda la humanidad.

¡El Señor es contigo!
Tú eres la Virgen de la Anunciación, el «sí» de toda la
    humanidad al misterio de la salvación.
Tú eres la Hija de Sión y el Arca de la Nueva Alianza en el
    Misterio de la Visitación.
Tú eres la Madre de Jesús, el que nació en Belén, la que lo
    mostró a los simples pastores y a los magos del Oriente.
Tú eres la Madre que presenta a su Hijo en el templo,
    lo acompaña a Egipto, lo conduce a Nazaret.
Virgen de las sendas de Jesús, de la vida oculta y del milagro
    de Caná.
Madre sufriente del Calvario y Virgen gloriosa de la
    Resurrección.

Tú eres la Madre de los discípulos de Jesús en la
    expectativa y el gozo de Pentecostés.

Bendita...
porque creíste en la Palabra del Señor,
porque pusiste tu esperanza en sus promesas,
porque fuiste perfecta en el amor,
por tu atenta caridad hacia Isabel,
por tu maternal bondad en Belén,
por tu fuerza en la persecución,
por tu perseverancia en la búsqueda de Jesús en el templo,
por tu sencilla vida en Nazaret,
por tu intercesión en Caná,
por tu materna presencia al pie de la Cruz.,
por tu fe en la esperanza de la Resurrección,
por tu constante oración en Pentecostés.
Eres bendita por la gloria de tu Asunción a los Cielos,
por tu maternal protección de la Iglesia
por tu constante intercesión por toda la humanidad.

¡Santa María, Madre de Dios!
Deseamos consagrarnos a ti.
Porque tú eres la Madre de Dios y nuestra madre.
Porque tu Hijo Jesús nos confió a ti.
A ti te consagró toda la Iglesia, con sus pastores y sus fieles.
Los obispos, que a imitación del Buen Pastor velan por
    el pueblo que les ha sido confiado.
Los sacerdotes, que han sido ungidos por el Espíritu.
Los religiosos y las religiosas, que ofrecen sus vidas al
    Reino de Cristo.
Los seminaristas, que han aceptado el llamado del Señor.
Los esposos y esposas cristianos, en la unidad e
    indisolubilidad de su amor y sus familias.
Los laicos dedicados al apostolado.
Los jóvenes que anhelan una nueva sociedad.

Los niños, que merecen un mundo más humano y pacífico.

Los enfermos, los pobres, los encarcelados, los perseguidos, los huérfanos, los desesperados, y los que están a punto de morir.

A ti te consagro la nación entera, de la cual eres la Patrona y la Reina.

Que los valores del Evangelio brillen en sus instituciones.

¡Ora por nosotros pecadores!

Madre de la Iglesia, nos acogemos a tu protección y nos confiamos en tu inspiración.

Te pedimos que la Iglesia pueda ser fiel en la pureza de la fe, en la constancia de la esperanza, en el ardor de la caridad, en la generosidad apostólica y misionera, en el compromiso a promover la justicia y la paz entre los hijos de esta bendita tierra.

Te imploramos por toda la Iglesia: que pueda permanecer por siempre en la perfecta comunión de la fe y el amor, unida a la Sede de Pedro por estrechos vínculos de obediencia y caridad.

Te pedimos por el éxito de la nueva evangelización, por la fidelidad al amor preferencial por los pobres y a la formación cristiana de los jóvenes, por un aumento en las vocaciones sacerdotales y religiosas, por la generosidad de los que se dedican a la misión, a la unidad y a la santidad de las familias.

¡Ahora y en la hora de nuestra muerte!

¡Virgen del Rosario, Madre nuestra! Ora por nosotros ahora.

Concédenos el precioso don de la paz.

De perdonar todo odio y amargura, y de reconciliar a todos nuestros hermanos y hermanas.

Que cese la violencia y la guerra.

Que el diálogo progrese y se arraigue, y comience la coexistencia pacífica.

Que se abran nuevas sendas de justicia y de prosperidad. Te pedimos esto cuando te invocamos como Reina de la Paz. ¡Ahora y en la hora de nuestra muerte!

Te encomendamos a todas las víctimas de la injusticia y la violencia, a todos los que han muerto en catástrofes naturales, a los que en la hora de la muerte se han vuelto a ti como Madre y Patrona.

Sé para todos nosotros, Puerta del Cielo, vida, dulzura y esperanza, para que contigo podamos glorificar al Padre, al Hijo y al Espíritu Santo.

¡Amén!

3 DE JULIO DE 1986

Reina de la paz

Virgen Santa,
tú que viviste en la fe
los momentos difíciles de la vida en familia,
concede la paz a las naciones en guerra
y ayuda a las familias del mundo
a llevar a cabo su indispensable
misión de paz.

12 DE DICIEMBRE DE 1993

Danos paz y unidad

Santa Madre de Dios,
tú que eres más vasta que el Cielo,
puesto que contuviste en ti
a quien el Cielo no puede contener,
vuelve tu mirada maternal hacia esta casa
donde los hombres y las mujeres buscan,
en el silencio de la meditación
y en la comunión de corazones,
un futuro de fe para Europa,
donde se empeñan en descubrir
lo que las manos de los hombres y mujeres
de hoy desean alcanzar cuando se extienden.
Dales la paz de los peregrinos
y el gozo de andar juntos,
de manera que Europa también
pueda recibir más y más en su seno,
como tú recibiste
la Palabra de Vida,
la única esperanza del mundo.

12 DE DICIEMBRE DE 1993

Sostennos en la senda de la fe

Madre del Redentor,
jubilosamente proclamamos que eres
    bendita.
Antes de que el mundo fuera creado,
Dios el Padre te escogió
para cumplir su providencial
plan de salvación.
Tú creíste en su amor
y obedeciste su palabra.
El Hijo de Dios te quería como madre,
cuando se hizo hombre para salvar al hombre.
Tú lo recibiste
con ansiosa obediencia
y corazón íntegro.
El Espíritu Santo te amó
como su esposa mística
y te llenó de prodigiosos dones.
Dócilmente te dejaste moldear
por sus poderosa acción oculta.

En vísperas del tercer milenio cristiano,
te confiamos la Iglesia,
ella te reconoce y te invoca como su Madre.
Tú, que la precediste en la tierra
en el peregrinaje de la fe,
consuélala en sus pruebas y tribulaciones,
y concédele que pueda ser
por siempre en el mundo
signo e instrumento eficaces
de la íntima unión con Dios
y de la unidad de toda la raza humana

A ti, Madre de hombres y naciones,
te confiamos toda la humanidad
con sus esperanzas y temores.
No dejes que decaiga
la luz de la auténtica sabiduría.
Guíanos en la búsqueda de libertad
y justicia para todos.
Dirige nuestros pasos por la senda de la paz.
y haz que todos encontremos a Cristo,
el camino, la verdad y la vida.
Oh, Virgen María, sostennos
en la senda de la fe
y obtén para nosotros la gracia de la salvación eterna.
¡Oh, clemente, oh, pía, oh, dulce Madre de Dios
y madre nuestra, María!

ORACIÓN PARA EL COMIENZO DEL
AÑO MARIANO
6 DE JUNIO DE 1987

Madre del Cristo resucitado

Madre del Redentor, que fue crucificado y ha resucitado, Madre que se hizo nuestra en el momento en que Cristo, al morir, llevó a cabo el supremo acto de su amor por los hombres, ¡ayúdanos! ¡Ruega por nosotros! Necesitamos vivir, contigo, como el resucitado. Debemos alejarnos, y nos alejaremos, de toda degradante avenencia con el pecado; debemos caminar, y caminaremos contigo, siguiendo a Cristo *«Sucurre cadenti surgere qui curat populo».* *(Asiste a tu pueblo que ha caído y que lucha por levantarse nuevamente).* Hoy juntamos la antigua Antífona de Adviento con la Antífona de Pascua: *«Resurrexit sicut dixit, alleluia! Ora pro nobis, Deum, Alleluia».* *(Él ha resucitado como dijo, aleluya. Ruega por nosotros, Señor, aleluya).*

Tu Hijo ha resucitado: tu Hijo ruega por nosotros. Nosotros también resucitamos con él; nosotros también deseamos vivir como resucitados. Sostennos en este «interminable desafío a la conciencia humana... el desafío a seguir, tanto por medios viejos como nuevos, la senda de "no pecar" que es la senda de la "resurrección"».

Ora pro nobis Deum! Al acercarnos al tercer milenio cristiano, ruega por nosotros, Señor. Líbranos del mal; de la guerra, del odio, de la hipocresía, de la incomprensión mutua, del hedonismo, de la impureza, del egoísmo, de la dureza de corazón. ¡Líbranos!

Ora pro nobis Deum! Alleluia.

6 DE ABRIL DE 1988

Vela por la Iglesia, que está continuamente amenazada por el espíritu del mundo

Santa Madre del Redentor,
Puerta del Cielo, Estrella del Mar,
ayuda a tu pueblo, que anhela levantarse.
Una vez más
nos volvemos a ti,
Madre de Cristo,
y de la Iglesia.
Nos reunimos a tus pies
para darte gracias
por lo que has hecho
en estos años difíciles
por la Iglesia,
por cada uno de nosotros
y por toda la humanidad.

«Muéstrate madre»:
¡Como tantas veces te hemos llamado!
Hoy estamos aquí para darte gracias,
porque siempre nos has escuchado.
Nos has mostrado que eres nuestra Madre:
Madre de la Iglesia,
misionera por las sendas de la tierra
a la espera del tercer milenio cristiano.
Madre de los hombres,
por la constante protección
que ha prevenido desastres
y destrucción irreparable,
y ha alentado el progreso
y el mejoramiento en la sociedad moderna.
Madre de las naciones,

por los cambios imprevistos
que le han devuelto la confianza a pueblos
oprimidos y humillados por demasiado tiempo.
Madre de la vida, por las muchas señales
con las cuales nos has acompañado,
defendiéndonos del mal
y del poder de la muerte.
Madre de todo hombre que lucha por la vida
que no tiene fin.
Madre de la humanidad
redimida por la sangre de Cristo.
Madre del amor perfecto,
de la esperanza y de la paz,
Santa Madre del Redentor.

«Muéstrate madre»:
Sí, sigue demostrando que eres la Madre de todos nosotros,
porque el mundo te necesita.
Las nuevas situaciones
de los pueblos y la Iglesia
siguen siendo precarias e inestables.
Existe el peligro
de reemplazar el marxismo
con otra forma de ateísmo,
que, idolatrando la libertad,
tienda a destruir
las raíces de la moral humana y cristiana.
¡Madre de la esperanza, camina con nosotros!
Camina con la humanidad
al acercarse el fin del siglo XX,
con los hombres de todas las razas y todas las culturas,
de todas las edades y posiciones.
Camina con los pueblos
hacia la solidaridad y el amor,

camina con los jóvenes,
los protagonistas de futuros tiempos de paz.
Las naciones que acaban de recobrar su libertad
y ahora están dedicadas
a construir su futuro
te necesitan.
Te necesita Europa
que, de este a oeste,
no puede hallar
su identidad
sin redescubrir
sus comunes raíces cristianas.
El mundo te necesita
para resolver
los muchos conflictos violentos
que aún lo amenazan.

«Muéstrate madre»:
Muestra que tú eres la Madre de los pobres,
de los que mueren de enfermedad y hambre,
de los que padecen injusticia y tiranía,
de los que no pueden encontrar trabajo, casa o albergue,
de los oprimidos y explotados,
de los que se desesperan o buscan en vano
la tranquilidad lejos de Dios.
Ayúdanos a defender la vida,
el reflejo del amor divino,
ayúdanos a defenderla siempre,
desde el amanecer hasta su ocaso natural.
Muéstrate Madre de la unidad y de la paz.
Que la violencia y la injusticia cesen en todas partes,
que la armonía y la unidad
crezcan en las familias,
y el respeto y la comprensión entre los pueblos;

¡que la paz, la verdadera paz, reine sobre la tierra!
María, da a Cristo, nuestra paz, al mundo.
No permitas que los pueblos reabran nuevos abismos
de odio y de venganza,
no permitas que el mundo ceda a las seducciones
de un falso bienestar
que pervierte el valor de la persona humana
y compromete para siempre
los recursos naturales de la Creación.
¡Muéstrate Madre de la esperanza!
Vela sobre el camino que aún nos aguarda.
Vela por los hombres
y por las nuevas situaciones de los pueblos
amenazados todavía por el peligro de la guerra.
Vela por los responsables de las naciones
y los que rigen los destinos de la humanidad.
Vela por la Iglesia,
que está constantemente amenazada por el espíritu
    del mundo.

En colegiada unidad con los pastores, y
en comunión con todo el pueblo de Dios,
esparcido hasta los últimos confines de la tierra,
hoy renuevo la confianza filial
de la humanidad en ti.
A ti con toda seguridad nos confiamos.
Contigo esperamos seguir a Cristo,
el Redentor del hombre: que nuestra fatiga
no pese sobre nosotros, ni nuestra faena nos haga
    negligentes;
que ningún obstáculo apague nuestro valor,
ni entristezca el gozo de nuestros corazones.
Tú, María, Madre del redentor,
sigue mostrando que eres la Madre de todos,

vigila nuestra senda,
de manera que, llenos de gozo, podamos ver
a tu Hijo en el Cielo.
Amén.

ACTO DE CONSAGRACIÓN A LA
VIRGEN DE FÁTIMA, 13 DE MAYO DE 1991

Mensaje para el Día Mundial de Oración por las Vocaciones, 1995

Oh, Virgen de Nazaret,
el «sí» dicho en tu juventud
determinó tu existencia
y creció como tu vida misma.
Oh, Madre de Jesús,
en tu libre y gozosa afirmación
y en tu fe activa
tantas generaciones y tantos maestros
han encontrado inspiración y fuerza
para recibir la Palabra de Dios
y para hacer su voluntad.
Oh, Maestra de vida,
enseña a los jóvenes
a pronunciar el «sí»
que le da sentido a la existencia
y haz que descubran el «nombre» oculto de Dios
en el corazón de cada uno de nosotros.
Oh, Reina de los Apóstoles,
danos sabios maestros,
que sepan amar a los jóvenes y ayudarlos a crecer,
orientándolos a encontrarse con la verdad
que nos hace libres y felices.
¡Amén!

Ayúdanos a respetar la creación

Oh, María,
radiante con singular belleza,
ayúdanos a apreciar y respetar la creación.
Tú que eres tan amada
por los que pueblan las montañas,
y en estos valles
te veneran en tantos santuarios,
protege a los habitantes de los valles,
de manera que puedan ser fieles a sus tradiciones
y al mismo tiempo abiertos y hospitalarios.
Ayúdanos a hacer de nuestras vidas
un ascenso hacia Dios
y a seguir por siempre a Jesucristo, tu Hijo,
que nos conduce a nuestra meta,
donde, en la nueva creación,
disfrutaremos de la plenitud de la vida y la paz.

11 DE JULIO DE 1999

Por la unidad de todos los cristianos

¡Oremos por la unidad de todos los cristianos! Este gran don que sólo Dios puede concedernos puede transformar los corazones, las divisiones y las heridas de los siglos, y expandir la oración que Jesús dirigió al Padre por la unidad de sus discípulos: «que todos sean uno; como tú, Padre, en mí y yo en ti». Con esta oración comenzamos la semana ecuménica, volviéndonos hacia nuestros hermanos cristianos que no están aún plenamente unidos con nosotros, e invocamos esta unidad como un don de lo alto.

¡Amén!

19 DE ENERO DE 1992

Evangeliza, reflexiona, ora

Oremos.

junto con la Santísima Virgen, confiando en su intercesión.

Oremos

para que los santos misterios de la Resurrección y del Espíritu Santo puedan iluminar a muchas personas generosas y dispuestas a servir a la Iglesia.

Oremos

por los pastores y por quienes los ayudan, de manera que puedan encontrar las palabras correctas para llevar a los fieles el mensaje de la vida sacerdotal y consagrada.

Oremos

para que en todas las áreas de la Iglesia los fieles puedan creer con renovado fervor en el ideal evangélico del sacerdote completamente dedicado a la edificación del reino de Dios, y que puedan alentar tales vocaciones con decisiva generosidad.

Oremos

por los jóvenes, a quienes el Señor dirige el llamado a seguirle más de cerca, para que las cosas de este mundo no puedan extraviarlos, sino que abran sus corazones a la voz amistosa que los llama; de manera que puedan dedicarse para toda la vida, «con corazón íntegro» a Cristo, a la iglesia, a otras almas; para llegar a creer que la gracia que les es concedida los fortalecerá para tal entrega para llegar a y que puedan ver la belleza y la grandeza de la vida sacerdotal, religiosa y misionera.

Oremos

por las familias, para que puedan crear un clima cristiano que fomente las importantes decisiones religiosas de sus hijos. Al mismo tiempo, demos gracias al Señor desde el fondo de nuestros corazones, porque en los últimos años, en muchas partes del mundo, los jóvenes y otras personas han respondido en número creciente al llamado divino.

Oremos

para que todos los sacerdotes y religiosos sean para aquellos que están llamados un ejemplo y una inspiración por su disponibilidad y su humilde anhelo «de aceptar los dones del Espíritu Santo y otorgar a otros los frutos del amor y de la paz, darles esa certeza de la fe de la cual se deriva una profunda comprensión del sentido de la vida humana y la capacidad de introducir un orden moral en las vidas de los individuos y en sus entornos».

1980

Jóvenes, Cristo os llama

Dios, Padre nuestro,
te confiamos a los hombres y mujeres
jóvenes del mundo,
con sus problemas,
aspiraciones y esperanzas.
Mantén tu amorosa mirada sobre ellos
y hazlos obreros de la paz
y constructores de la civilización del amor.
Ayúdalos a comprender el valor
de dar plenamente sus vidas
por ti y por la humanidad.
Que su respuesta sea
generosa y presta.
Acepta, Señor,
nuestra alabanza y nuestra oración
por los jóvenes que,
siguiendo el ejemplo de María, la Madre de la Iglesia,
creyeron en tu palabra
y se preparan para las órdenes sagradas,
para la profesión de consejeros evangélicos,
para el compromiso misionero.
Ayúdalos a comprender que el llamado
que les has hecho
es siempre presente y urgente.
Amén.

1985

Piensen en el llamado

Señor Jesús,

Así como llamaste a los primeros discípulos para hacerlos pescadores de hombres, te pedimos que sigas haciendo oír hoy tu dulce llamado: «¡Ven, sígueme!».

Da a los jóvenes, hombres y mujeres, la gracia de responder prestamente a tu voz.

Sostén a nuestros obispos, sacerdotes y pueblo consagrado en sus labores apostólicas. Que nuestros seminaristas perseveren, junto con todos los que están alcanzando el ideal de una vida totalmente dedicada a tu servicio.

Vuelve a despertar en nuestras comunidades el celo misionero. Señor, envía obreros a tu mies y no dejes que la humanidad se extravíe por falta de pastores, misioneros y otras personas dedicadas a la causa del Evangelio.

María, Madre de la Iglesia,

modelo de todas las vocaciones, ayúdanos a responder «sí» al Señor que nos llama a colaborar en el divino plan de salvación.

1987

Madre de los sacerdotes

Oh, María,
Madre de Jesucristo y Madre de los sacerdotes,
acepta este título que te otorgamos
para celebrar tu maternidad
y para contemplar contigo el sacerdocio
de tu Hijo y de tus hijos,
oh, Santa Madre de Dios.

Madre de Cristo,
al Mesías-sacerdote tú le diste un cuerpo de carne
mediante la unción del Espíritu Santo
para la salvación de los pobres y de los contritos de corazón;
guarda a los sacerdotes en tu corazón y en la iglesia,
oh, Madre del Salvador.

Madre de la fe,
tú acompañaste al Templo al Hijo del Hombre,
en cumplimiento de las promesas dadas a los padres;
da al Padre por su gloria
los sacerdotes de tu Hijo,
oh, Arca de la Alianza.

Madre de la Iglesia,
en medio de los discípulos en el Aposento Alto
tú rogaste al Espíritu
por el nuevo pueblo y sus pastores;
obtén para la Orden de los Presbíteros
la plenitud de los dones,
oh, Reina de los Apóstoles.

Madre de Jesucristo,
tú estuviste con él al comienzo

de su vida y misión,
tú buscaste al Maestro entre la multitud,
tú estuviste a su lado cuando él fue levantado
de la tierra
consumado como el Eterno Sacrificio,
y tuviste cerca de ti a Juan, tu hijo;
acepta desde el comienzo a los que
han sido llamados,
protege su desarrollo,
en el ministerio de su vida, acompaña a tus hijos
oh, Madre de los sacerdotes.
Amén.

PASTORES DABO VOBIS
(EXHORTACIÓN APOSTÓLICA, 25 DE MARZO DE 1992)

Pastores dabo vobis

Pastores dabo vobis: con estas palabras toda la Iglesia se dirige a ti, que eres el Señor de la mies, pidiendo labradores para tu mies, que es abundante. Buen Pastor, hace mucho que enviaste los primeros obreros a tu mies. Eran doce. Ahora que casi han pasado dos milenios, y su voz ha llegado hasta los confines de la tierra, nosotros, también, sentimos profundamente la necesidad de pedir que no escaseen sus sucesores en nuestro tiempo —y, en particular, que no haya escasez de hombres en el sacerdocio ministerial, que edifica la Iglesia con el poder de la Palabra de Dios y los sacramentos; que en tu nombre administran la Eucaristía, de la cual la Iglesia continuamente crece, la Iglesia que es tu cuerpo.

Te damos gracias, porque la crisis temporal de vocaciones, en el contexto de la Iglesia universal, está en camino de resolverse. Con gran gozo hemos visto una ardiente renovación de las vocaciones en varias partes del planeta: en la iglesias jóvenes, pero también en muchas de las naciones con siglos de tradición cristiana, para no mencionar lugares donde, en nuestro siglo, la Iglesia ha sido ferozmente perseguida. Pero alzamos nuestra oración con especial fervor al pensar en las sociedades en que domina un clima de secularización, en las cuales el espíritu de este mundo inhibe la acción del Espíritu Santo, de manera que la simiente esparcida en las almas de los jóvenes, o bien no se arraigue, o no madure. Para esas sociedades, en particular, te imploramos aun con mayor vehemencia: *«Envía tu Espíritu y renueva la faz de la tierra».*

La Iglesia te da gracias, oh esposo divino, porque desde los tiempos antiguos ella aceptó el llamado al celibato consagrado por la causa del Reino de Dios; porque durante siglos ha preservado el carisma del celibato de los sacerdotes. Te damos gracias por el Segundo Concilio Vaticano y por los recientes sínodos de obispos, los cuales, al reafirmar este carisma, lo señalan como una senda justa para la Iglesia del futuro. Somos conscientes de cuán frágiles son las vasijas en las cuales llevamos este tesoro, pero creemos en el poder del Espíritu Santo que obra a través de la gracia del sacramento en cada uno de nosotros. Te pedimos aun más fervientemente que seamos capaces de colaborar con este poder y perseverar.

Te pedimos, a ti que eres el Espíritu de Cristo el Buen Pastor, que sigas siendo fiel a esta herencia particular de la Iglesia Latina. *«No apaguéis el Espíritu»*, nos dice el Apóstol. Por tanto pedimos no caer en la duda ni sembrarla en otros; no convertirnos —¡Dios nos guarde!— en partidarios de distintas opciones y de una espiritualidad diferente para la vida y el misterio del sacerdocio. San Pablo vuelve a decir: *«No entristezcáis al Espíritu Santo de Dios...»*.

Pastores dabo vobis!

Pedimos que nos perdones todos nuestros pecados ante el santo misterio de tu sacerdocio en nuestra vida. Te pedimos que seamos capaces de colaborar y perseverar en esta «mies abundante» y que hagamos todo lo que sea necesario para inspirar y alentar vocaciones. Sobre todo, te pedimos que nos ayudes a orar con constancia. Tú mismo dijiste: *«Orad, pues, al dueño de la mies que envíe obreros a su mies»*.

Que al enfrentarnos a este mundo, que de varios modos demuestra indiferencia hacia el Reino de los Cielos, podamos estar acompañados por la certeza que tú, Buen Pastor, inculcaste en los corazones de los Apóstoles: *«¡Ánimo!, yo he vencido al mundo»*. Éste es —a pesar de todo— el mismo mundo que tu Padre amó tanto que te lo dio a ti, su Unigénito.

Madre del Hijo Divino, Madre de la Iglesia, Madre de todos los pueblos, ¡ruega por nosotros! ¡Ruega por nosotros!

30 DE NOVIEMBRE DE 1992

Mensaje para el Día Mundial de Oración por las Vocaciones, 1999

Padre bueno,
en Cristo tu Hijo tú nos revelaste tu amor,
tú nos abrazas como hijos tuyos,
y nos ofreces la posibilidad de descubrir
en tu voluntad los rasgos
de tu verdadero rostro.
Santo Padre,
tú nos llamas a ser santos
como tú eres santo.
Rogamos que nunca dejes a tu Iglesia
carecer de santos sacerdotes y apóstoles
quienes, con la Palabra y con los sacramentos,
abrirán el camino para el encuentro contigo.
Padre misericordioso, da
a la extraviada humanidad hombres y mujeres que,
mediante el testimonio de una vida transfigurada
a la imagen de tu Hijo,
puedan caminar gozosamente con
sus hermanos y hermanas
hacia nuestra patria celestial.
Padre nuestro,
con la voz de tu Santo Espíritu,
y confiando en la maternal
intercesión de María,
te rogamos vehementemente:
envía a tu Iglesia sacerdotes
que sean valientes testigos
de tu generosidad infinita.
¡Amén!

Hermandad, paz y amor

Oremos para que el mundo nunca vuelva a presenciar un día tan terrible como aquél en que la bomba fue lanzada sobre Hiroshima.

Oremos para que los hombres nunca más pongan su confianza, sus cálculos, su prestigio en armas tan atroces e inmorales.

Oremos para que todas las naciones se congreguen y convengan en prohibir la mortal capacidad de construir, multiplicar y mantener tales armas, que son el terror de todos los pueblos.

Oremos para que esa explosión letal, en busca de la paz, no termine matándola; no lastime por siempre el honor de la ciencia; y no extinga la serenidad de la vida en la tierra.

Oremos para que la fraternidad, la paz y el amor sean más bien lo que se le conceda y se le reafirme al mundo. Recordemos que sólo Cristo puede garantizarnos los supremos dones: sólo él, nuestro Salvador, que se convirtió en nuestro hermano cuando María dijo «hágase» y se convirtió en la Madre de Cristo.

4 DE AGOSTO DE 1985

Oh, Señor, ayúdanos a construir una cultura sin violencia

Oh, Señor y Dios de todo, tú querías que todos tus hijos, unidos por el Espíritu, vivieran y crecieran juntos en mutua aceptación, en armonía y en paz. Nuestros corazones rebosan de aflicción, porque nuestro egoísmo y codicia humanos han impedido que tu plan se cumpla en nuestro tiempo.

Reconocemos que la paz es un don que proviene de ti. Sabemos, también, que nuestra colaboración como instrumentos tuyos exige que administremos sabiamente los recursos de la tierra, para el auténtico progreso de todos los pueblos. Exige profundo respeto y veneración por la vida, una consideración vital por la dignidad humana y la santidad de la conciencia de cada persona, y una constante lucha contra todas las formas de discriminación, jurídicas y prácticas.

Junto con todos nuestros hermanos y hermanas, nos dedicamos a crear una conciencia más profunda de tu presencia y de tu acción en la historia, para resultar más eficaces en la verdad y en la responsibilidad, y para laborar incansablemente por la libertad de todas las formas de opresión, por la fraternidad por encima de todas las barreras y por la justicia y la plenitud de la vida para todos.

Invocamos tu bendición para los líderes de esta nación y de todas las naciones; para los seguidores de todas las tradiciones religiosas, y para todos los hombres de buena voluntad. Permítenos, oh, Señor, vivir y crecer en activa cooperación contigo y con todos los demás, con el objetivo común de construir una cultura sin violencia, una comunidad mundial que confíe su seguridad no en la construcción de armamentos mortíferos, sino en la confianza mutua y en el anhelo de trabajar por un futuro mejor para todos tus hijos, en *una civilización universal hecha de amor, verdad y paz.*

2 DE FEBRERO DE 1986

Trabajadores por la paz

Queremos ser trabajadores por la paz, porque reconocemos en la creación los signos de la sabiduría de Dios, y deseamos vivir en paz, recibiendo los dones de la creación como algo «bueno», como signo y sacramento del amor eterno de Dios por todos los que vivimos en este planeta.

Ponemos nuestras esperanzas en el corazón de María, la Madre del Redentor, confiando en su amoroso cuidado. A ella, Madre de Dios y madre nuestra, le confiamos las esperanzas de paz del mundo contemporáneo, las expectativas de una época tan plena de acontecimientos importantes, tan rica en cambios profundos. A ella confiamos nuestro intenso deseo de que la justicia y el amor puedan prevalecer sobre todas las tentaciones a la violencia, la venganza y la corrupción. Te pedimos que la palabra del Evangelio, la voz de Cristo el Redentor, pueda llegar a los corazones de todos a través de la misión de la Iglesia.

En este período de la vida de la humanidad, cuando sentimos, con creciente certeza cuán importantes son las obligaciones y los valores de la solidaridad entre las naciones, de trabajar conscientemente hacia una auténtica comunidad mundial, y cuando sabemos también cuánto ello cuesta, le pedimos a Dios que nos ayude a responder al don de la reconciliación y a edificar la civilización de amor que esperamos.

Confiamos nuestro ruego a la Madre del Redentor, que nació en Belén, para que Dios vuelva su rostro hacia nosotros y nos dé la paz.

I DE ENERO DE 1990

¡No más guerra!

Dios de nuestros padres,
grande y misericordioso,
Señor de la paz y de la vida,
Padre de todos.

Tu plan es de paz y no de sufrimiento,
tú condenas la guerra
y humillas el orgullo del agresor.

Enviaste a tu hijo Jesús
para proclamar la paz hasta los confines de la tierra
para unir a los hombres
de todas las razas y de todas las etnias
en una sola familia.

Oye el unánime clamor de tus hijos,
la súplica sincera de toda la humanidad:
no más guerra, esa aventura sin retorno,
no más guerra,
esa espiral de duelo y de violencia.

En comunión con María, la Madre de Jesús,
te rogamos de nuevo:
habla a los corazones de los que deciden
los destinos de los pueblos,
detén el ciclo de la represalia
y la venganza,
sugiere con tu Espíritu nuevas soluciones,
gestos generosos y honorables,
períodos de diálogo y de espera paciente
más fructíferos que las drásticas acciones
de la guerra.

Concede en nuestro tiempo días de paz.
No más guerra.
Amén.

16 DE ENERO DE 1991

Oremos por la paz

Hermanos y hermanas,

La ansiedad y la angustia que, desafortunadamente, se han manifestado ya muchas veces acerca de la guerra que se libra en la región del Golfo, siguen acrecentándose por los conflictos persistentes, a los que ahora se suman también catastróficos riesgos ambientales.

Las víctimas, tanto civiles como militares, y la enorme destrucción, intensifican nuestra pena, y todos somos llamados a dirigirnos al Señor con mayor insistencia y fe más firme: es éste el gran recurso disponible para los que creen y esperan en la divina misericordia.

Oremos sobre todo por la paz: que Dios nos la conceda tan pronto como sea posible, iluminando a nuestros líderes para que abandonen rápidamente ese camino que es indigno de la humanidad, y busquen con confianza la justicia mediante el diálogo y la negociación. Que los empeños de quienes, generosamente, siguen proponiendo iniciativas para detener el conflicto se vean coronados por el éxito.

Oremos por las poblaciones civiles que están sufriendo bombardeos o se han visto forzadas, por centenares de miles, a abandonar sus hogares y su tierra natal, y a enfrentarse a la trágica experiencia de los refugiados: ¡que Dios les consuele e inspire en todas las personas sentimientos e iniciativas de genuina solidaridad!

Oremos para que la tragedia que está ocurriendo no se torne más brutal e inhumana mediante acciones inaceptables, tanto desde el punto de vista de los valores éticos como de los tratados internacionales. Las noticias que nos han llegado sobre el destino de los prisioneros de guerra y la amenaza de recurrir a las armas del terrorismo constituyen una causa particular de angustia.

¡Quiera Dios eliminar la tentación de usar tales medios, que son contrarios a los principios morales más elementales y condenados por el derecho internacional!

Oremos de nuevo por todos y con todos los creyentes de las tres religiones que tienen sus raíces históricas en el Oriente Medio: judíos, cristianos y musulmanes. La fe en el mismo Dios no debe ser causa de conflicto y rivalidad, sino de compromiso para vencer las diferencias mediante el diálogo y las negociaciones.

¡Que el infinito amor del Creador ayude a todos a entender lo absurdo de una guerra en su nombre y de inculcar en cada corazón los verdaderos sentimientos de confianza, comprensión y cooperación para el bien de toda la humanidad!

Fielmente confiamos estos objetivos a la Santísima Virgen, Reina de la Paz.

27 DE ENERO DE 1991

Que florezca la paz dada por tu Hijo

Dios de nuestros padres,
Padre de todos,
que en tu Hijo Jesús, el Príncipe de la Paz,
proclamaste la paz para toda la tierra
para unir a los hombres
de todas las razas y de todos los credos
en una sola familia,
te imploramos les concedas
vida sin término y tu paz
a los muertos en todos los frentes,
quienes, muchos de ellos sin identificar,
yacen en esta tierra, bañada con su sangre.
Que su sacrificio y su heroísmo
—abriendo los corazones a la gratitud
y reviviendo los grandes ideales de libertad
y amor sobre la madre tierra—
susciten el deseo de la tolerancia,
la no violencia y la paz.
Por esta razón, en comunión con María,
la Madre de Jesús,
te pedimos, oh, Padre,
que todos los que asciendan
los peldaños de esta capilla memorial
sean iluminados por el Espíritu de tu Hijo
y acrecienten en sus corazones
el deseo de trabajar por la paz,
a favor de todas las criaturas.
Ilumina a los líderes de las naciones,
para que, en vista de la lección
que la historia demuestra,
no sigan confiando en la guerra

como medio de resolver los problemas
de convivencia entre los pueblos.
Que la paz dada por tu Hijo,
crucificado y resucitado,
florezca en nuestras tierras,
y traiga a los hombres y mujeres
de nuestro tiempo
el deseo de desarrollar esos valores
que edifican tu Reino
y nunca se marchitan.
Amén.

3 DE MAYO DE 1992

Oración por el Sínodo sobre la familia

Dios, que eres el Padre de todo en el Cielo y en la tierra. Padre, que eres amor y vida, haz que todas las familias humanas de la tierra lleguen a ser, a través de tu Hijo Jesucristo, «nacido de mujer», y a través del Espíritu Santo, fuente de la divina caridad, un verdadero santuario de vida y amor para las generaciones venideras. Que tu gracia dirija los pensamientos y las acciones de los cónyuges para el bien de sus familias y de todas las familias del mundo. Que las generaciones más jóvenes encuentren en la familia un firme apoyo para su humanidad, de manera que puedan crecer en verdad y amor. Que el amor, fortalecido por la gracia del sacramento del matrimonio, resulte más fuerte que cualquier debilidad o crisis que, en cualquier tiempo, deban soportar nuestras familias. Finalmente, te pedimos que la Iglesia, mediante la intercesión de la Sagrada Familia de Nazaret, pueda completar exitosamente entre todas las naciones de la tierra su misión en la familia a través de la familia. Te lo pedimos a ti que eres la vida, la verdad y el amor, en la unidad del Hijo y del Espíritu Santo. Amén.

15 DE AGOSTO DE 1980

Confianza en las familias

Que San José, "hombre justo", trabajador incansable, custodio integérrimo de los tesoros a él confiados, las guarde, proteja e ilumine siempre.

Que la Virgen María, como es Madre de la Iglesia, sea también Madre de la "Iglesia doméstica", y, gracias a su ayuda materna, cada familia cristiana pueda llegar a ser verdadermente una "pequeña Iglesia", en la que se refleje y reviva el misterio de la Iglesia de Cristo. Sea ella, Esclava del Señor, ejemplo de acogida humilde y generosa de la voluntad de Dios; sea ella, Madre Dolorosa a los pies de la Cruz, la que alivie los sufrimientos y enjugue las lágrimas de cuantos sufren por las dificultades de sus familias.

Que Cristo Señor, Rey del universo, Rey de las familias, esté presente como en Caná, en cada hogar cristiano para dar luz, alegría, serenidad y fortaleza. A Él, en el día solemne dedicado a su Realeza, pido que cada familia sepa dar generosamente su aportación original para la venida de su Reino al mundo, "Reino de verdad y de vida, Reino de santidad y de gracia, Reino de justicia, de amor y de paz" hacia el cual está caminando la historia.

A Cristo, a María y a José encomiendo cada familia. En sus manos y en su corazón pongo esta exhortación: que ellos os la ofrezcan a vosotros, venerables hermanos y amadísimos hijos, y abran vuestros corazones a la luz que el Evangelio irradia sobre cada familia.

FAMILIARIS CONSORTIO

En oración por la familia

Te damos especiales gracias en este tiempo por las familias cristianas de nuestra parroquia. Junto con su hijo Jesucristo, nuestro Señor, le damos gracias al Padre «de quien toma su nombre toda la familia humana».

Gracias a él:

—Por las muchas familias de la parroquia cuya vida refleja «la belleza y grandeza de la vocación al amor y al servicio de la vida».

Señor, bendice a nuestras familias.

—Por el profundo amor que los esposos cristianos intercambian en la comunión de la vida marital, manteniendo vivo en el mundo una imagen especialísima del amor de Dios.

Señor, bendice a nuestras familias.

—Por la vida de mutua fe vivida por innumerables parejas, gracias al poder de la gracia sacramental.

Señor, bendice a nuestras familias.

—Por todas esas parejas que se esfuerzan generosamente en seguir el plan de Dios para el amor humano, que se expresa en la enseñanza de la Iglesia en *Humanae Vitae* y *Fammiliaris Consortio,* y cuyo matrimonio está siempre abierto a una nueva vida; y por todos aquellos que ayudan a educar a las parejas en la planificación natural de la familia.

Señor, bendice a nuestras familias.

—Por el grande y extraordinario servicio prestado por los padres al traer nuevos miembros al cuerpo místico de Cristo.

Señor, bendice a nuestras familias.

—Por la continua participación de padres y madres en la educación de sus hijos hasta una madurez cristiana.

Señor, bendice a nuestras familias.

—Por la familias que a pesar del sufrimiento, el dolor y las privaciones económicas viven una vida de esperanza cristiana.

Señor, bendice a nuestras familias.

—Por el compromiso de las familias, en conformidad con la enseñanza del Segundo Concilio Vaticano, a participar activamente en la misión de la Iglesia, como comunidad de creyentes y evangelizadores y como comunidad en diálogo con Dios y en servicio del hombre.

Señor, bendice a nuestras familias.

—Por los esfuerzos de las familias cristianas de ayudar a los jóvenes a comprender la dignidad del matrimonio y prepararse adecuadamente para esta vocación.

Señor, bendice a nuestras familias.

—Por el renovado compromiso de la Iglesia de apoyar y enseñar la santidad y la unidad de la familia, y por el generoso amor con el cual tantos sacerdotes y religiosos dedican sus energías a edificar la vida familiar.

Señor, bendice a nuestras familias.

—Por los empeños de esas familias que han encontrado problemas y dificultades, pero han perseverado en la convicción de que el amor eterno e indestructible de Dios por el hombre se expresa en el vínculo indisoluble de su matrimonio sacramental.

Señor, bendice a nuestras familias.

—Por el particular testimonio a la enseñanza de Cristo sobre la indisolubilidad del matrimonio dado por todos los cónyuges que sufren el dolor de la separación, el abandono o el rechazo.

Señor, bendice a nuestras familias.

—Por la propagación del mensaje del Evangelio entre las familias cristianas, y por la evangelización que las familias llevan a cabo entre sus vecinos y en sus centros de trabajo.

Señor, bendice a nuestras familias.

—Por las muchas familias que oran juntas y extraen fuerzas del culto a Dios.

Señor, bendice a nuestras familias.

—Por las familias que abrazan la Cruz y comparten el gozo cristiano del misterio pascual del Señor Jesús.

Señor, bendice a nuestras familias.

Te damos gracias y te alabamos,

Dios Padre nuestro,
por todas las familias cristianas
que escuchan las palabras de vida
de Jesucristo tu Hijo:
«Brille así vuestra luz
delante de los hombres,
para que vean vuestras buenas obras
y glorifiquen a vuestro Padre
que está en los cielos».
Que podamos, junto con todas las familias
de nuestra parroquia,
responder a la vocación cristiana,
cada uno de nosotros según los dones que hemos recibido,
cada uno mediante el testimonio
de nuestras buenas obras.
Que cada uno de nosotros
escuche el llamado
a glorificarte,
Señor, Dios nuestro,
mediante Cristo nuestro Señor.
Amén.

12 DE SEPTIEMBRE DE 1984

Oración a la Sagrada Familia

Sagrada Familia de Nazaret,
la comunidad del amor
de Jesús, María y José,
el modelo e ideal de todas las familias cristianas,
a ti te confiamos nuestras familias.

Abre el corazón de cada hogar
a la fe, a la aceptación de la Palabra de Dios
al testimonio cristiano,
para que se conviertan en fuente
de nuevas y santas vocaciones.

Prepara las mentes de los padres,
de manera que, con caridad urgente,
sabio cuidado y amorosa piedad,
puedan guiar a sus hijos con seguridad
hacia los bienes espirituales y eternos.

Inspira en las almas de los jóvenes
recta conciencia y libre albedrío,
de manera que, creciendo en «sabiduría,
edad y gracia»
acepten generosamente
el don de la divina vocación.

Santa Familia de Nazaret,
danos la disposición para llevar a cabo la voluntad de Dios,
contemplando e imitando
la asidua oración,
la generosa obediencia,
la pobreza digna,

y la pureza virginal vivida en vosotros,
y acompañando con prudente delicadeza
a aquellos de nosotros que son llamados
a seguir más de cerca al Señor Jesús,
quien se «dio a sí mismo» por nosotros.
Amén.

1994

Oh, Sagrada Família

¡Sé una guía para las familias de toda la tierra!

¡Família, Sagrada Família, que tu ejemplo nos guíe y nos proteja!

Família, Sagrada Família: la familia tan estrechamente unida al misterio que contemplamos el día del nacimiento del Señor, ¡que su ejemplo guíe a las familias de toda la tierra!

Hijo de Dios, que viniste a vivir entre nosotros en el calor de una familia, concede que todas las familias puedan crecer en el amor y contribuir al bien de la humanidad mediante un compromiso de fiel y fructífera unidad, respeto por la vida y un empeño de fraterna solidaridad con todos.

Enséñales, por tanto, a poner a un lado el egoísmo, la mentira y la codicia desenfrenada.

Ayúdales a desarrollar los inmensos recursos de sus corazones y mentes, que se multiplican cuando eres tú quien los inspira.

Niño Jesús,

¡seca las lágrimas de los niños!

¡Acaricia a los ancianos y los enfermos!

Insta a los hombres a que depongan sus armas y se apoyen mutuamente en un abrazo universal.

Invita a todos los pueblos, misericordioso Jesús, a derribar los muros creados por la miseria y el desempleo, por la ignorancia y la indiferencia, por la discriminación y la intolerancia.

Eres tú, divino Niño de Belén, quien nos salva, librándonos del pecado.

Eres tú el verdadero y único salvador, hacia quien la humanidad endereza su camino.

Dios de paz, don de la paz para toda la humanidad, ven y habita en el corazón de todos los hombres y de todas las familias.

¡Sé nuestra paz y nuestro gozo!

25 DE DICIEMBRE DE 1994

Vamos, pueblo

Cristianos de todos los continentes,
comprometidos con el difícil pero necesario
camino de la unidad y la paz, y vosotros, hombres de
    buena voluntad
que me escucháis,
Vamos, peregrinos todos,
hasta el pesebre de Belén.
hasta el establo, donde Jesús
habla de inocencia y de paz,
entremos a escuchar
una lección fundamental.
Vamos, humanidad, esparcida y medrosa,
a rogar por la paz, un don y una tarea
para todo individuo de nobles y generosos sentimientos.
¡Basta de odio y tiranía!
No más guerras.
No más indiferencia ni silencio
hacia aquellos que piden comprensión y solidaridad,
hacia los lamentos de los que están
muriéndose de hambre,
entre los desperdicios y la abundancia de bienes.
¿Cómo podemos olvidar a los que sufren,
a los que están solos o abandonados, deprimidos o
    desalentados,
a los que no tienen ni hogar ni trabajo,
que son víctimas de la opresión y del abuso,
y de las muchas formas del
totalitarismo moderno?
¿Cómo podemos permitir que los intereses económicos
reduzcan a la persona humana
a un instrumento de lucro,

cómo permitir que maten
a las criaturas aún no nacidas,
que humillen y se aprovechen
de niños inocentes,
que los ancianos y los enfermos
sean marginados y abandonados?
Sólo tú, Palabra Encarnada, nacido de María,
puedes hacernos hermanos y hermanas,
niños en el Niño,
niños a semejanza del Niño.
La gloria futura nos fue revelada
a través de ti, Hijo de María,
Hijo del Hombre,
por eso clamamos contigo: «¡Abba, Padre!»
¡Amén!

25 DE DICIEMBRE DE 1991

Jóvenes, creed y viviréis

Porque vosotros existís, hay alguien que ha reservado algo grande para vosotros. ¡Escuchadme, porque estoy a punto de anunciarlo! Así como los apóstoles Pedro y Juan le dijeron al hombre vestido de harapos y cojo de nacimiento, que mendigaba a la entrada del Templo de Jerusalén, el Papa os dice: «*No tengo plata ni oro, pero lo que tengo te doy: en nombre de Jesucristo de Nazaret, echa a andar!*» Sí, jóvenes amigos, ¡el Papa ha venido aquí hoy a *daros la fortaleza de Cristo, a daros un compañero en quien puedan confiar!*

¿Podéis tener confianza, aunque fuese una vez, en alguien que no ha decepcionado a nadie? Abrid vuestro corazón a Jesucristo y conoceréis el valor que nunca falla, no importa cuán grandes sean los obstáculos: ¡conoceréis un amor más fuerte que la muerte! En la presencia de esta multitud de jóvenes, ¡no puedo dejar de dar testimonio de este poder de Dios, de alabar este amor verdadero que ya ha salvado mi vida de la muerte!

Jóvenes, ¡creed y viviréis!

Jóvenes, ¡creed

y apostaréis todo por amor!

Jóvenes,

¡creed y decidid en este mismo día

construir en vuestra vida una estructura para la eternidad!

Mis jóvenes amigos y hermanos, ¡encontrad de nuevo la fe en vosotros mismos y construid vuestras vidas, vuestro amor, vuestras familias en Cristo! Porque: «*estoy seguro de que ni la muerte ni la vida ni los ángeles ni los principados ni lo presente ni lo futuro ni las potestades ni la altura ni la profundidad ni otra criatura alguna podrá separarnos del amor de Dios manifestado en Cristo Jesús Señor nuestro*». Una persona joven fiel a Cristo conocerá la verdadera felicidad que no tiene fin.

7 DE JUNIO DE 1992

¡Hombre de nuestro tiempo!

Hombre, que vives inmerso en el mundo,
creyendo que eres su señor
cuando tal vez eres su presa.
Cristo te liberará de todo yugo
para lanzarte a la conquista de ti mismo,
en amor constructivo, extendido a los buenos;
amor exigente
que te hace el constructor, no el destructor,
de tu mañana, de tu familia,
de tu ambiente, de toda la sociedad.
¡Hombre de nuestro tiempo!
Sólo Cristo resucitado
puede satisfacer plenamente
tu irreprimible aspiración a la libertad.
Luego de las atrocidades de dos guerras mundiales
y de todas las guerras que,
en estos cincuenta años,
con frecuencia en nombre de ideologías ateas,
han segado víctimas
y han sembrado el odio en tantas naciones;
después de años de dictaduras
que han privado al hombre
de sus libertades fundamentales,
las verdaderas dimensiones del espíritu
han sido redescubiertas,
las que la Iglesia siempre ha promovido,
revelando en Cristo la verdadera estatura del hombre.
También, el despertar de muchas democracias
conduce hoy al diálogo
y la confianza entre los pueblos;
¡y el mundo vuelve a entender

que el hombre no puede vivir sin Dios!
Sin la verdad que, en él, hace al hombre libre.
¡Hombre de nuestro tiempo!
Cristo te libera del egoísmo
y te llama a compartir,
y a un súbito y gozoso
compromiso con los demás,
¡Hombre de hoy!
¡Naciones ricas de una opulenta civilización!
No seáis indiferentes a las muchas tragedias del mundo,
sed cada vez más conscientes de los necesitados
para ayudar a esos pueblos
que luchan cada día
por sobrevivir.
Creed que no hay libertad
donde persiste la miseria.
Que la solidaridad humana y cristiana sea
el reto que estimule vuestra conciencia
de manera que la arena
pueda ceder un poco en un momento
a la promoción de la dignidad humana,
y hacer que el pan adquiera forma
para devolver una sonrisa, un trabajo,
una esperanza, un progreso.
Pero, gracias a Dios, también he visto
a individuos, asociaciones, instituciones,
sacerdotes, religiosos, laicos de varias profesiones
comprometerse y sacrificarse voluntariamente
por el bien de sus hermanos y hermanas solitarios y
    sufrientes.
¡Les doy las gracias en el nombre de Cristo crucificado
    y resucitado!
¡Hombre de nuestro tiempo!
Cristo *te libera porque te ama,*

porque él se entregó por ti
porque él venció por ti y por todos los hombres.
Cristo restauró al mundo y a ti para Dios.
Él restauró a Dios para ti y para el mundo.
¡Para siempre!
«¡Regocijaos, yo he vencido al mundo!»
Con esta absoluta confianza
en el amor de Cristo
para el hombre que vive, espera, sufre
y ama en cada latitud
del planeta,
saludo a los diversos pueblos y naciones,
en sus propios idiomas,
y deseo para todos vosotros el gozo y
la paz del Cristo Resucitado.

15 DE ABRIL DE 1990

Tomado de
La hora del rosario

El rosario, resumen de todo el Evangelio

Como sabéis, mañana es el comienzo del mes de octubre, que la piedad cristiana ha vinculado, en particular, a un más dedicado y devoto rezo diario del santo rosario, que mis predecesores Pío XII y Pablo VI llamaron *«el resumen de todo el Evangelio»*. Durante siglos, esta oración ha conservado un lugar de honor en el culto de la Bendita Virgen, *«bajo cuya protección los fieles, orando, se refugian de todos los peligros y tiempos difíciles»*.

El rosario es una oración sencilla, pero al mismo tiempo teológicamente rica en referencias bíblicas; por esa razón los cristianos la aman y la rezan frecuente y fervientemente; muy conscientes de su auténtica «naturaleza evangélica» de la que Pablo VI habla en la exhortación apostólica al culto de la Bendita Virgen.

En el rosario meditamos sobre los principales acontecimientos de la salvación que se cumplieron en Cristo: desde la concepción virginal hasta los momentos supremos de la pasión y la glorificación de la Madre de Dios. Ésta es una oración de continua alabanza y súplica a María Santísima para que ella interceda por nosotros, pobres pecadores, en todos los momentos de nuestro día hasta la hora de nuestra muerte.

Así, pues, quiero instaros, en el mes de octubre, a redescubrir el santo rosario y a darle mucho mayor valor como oración personal y familiar, dirigida a aquella que es la Madre de los fieles y la Madre de la Iglesia.

30 DE SEPTIEMBRE DE 1981

La sencillez y profundidad del rosario

Ahora, a fines de octubre, me gustaría, junto con vosotros, mis hermanos y hermanas, examinar la simultánea sencillez y profundidad de esta oración, a la cual la Santísima Madre nos invita, nos insta y nos alienta. Al rezar el rosario, penetramos los misterios de la vida de Jesús, que son al mismo tiempo los misterios de su Madre.

Esto puede verse claramente en los misterios gozosos, a partir de la anunciación, a través de la visitación y el nacimiento en la noche de Belén, y posteriormente en la presentación del Señor, hasta que es hallado en el templo, cuando ya tenía doce años.

Aunque puede parecer que los misterios dolorosos no nos muestran directamente a la Madre de Jesús —con la excepción de los dos últimos: el *vía crucis* y la crucifixión— ¿cómo podríamos siquiera imaginar que la Madre estuviera espiritualmente ausente cuando su Hijo estaba padeciendo tan atroz sufrimiento en Getsemaní, durante su flagelación y coronación de espinas?

Y los misterios gloriosos son en efecto misterios de Cristo, en los cuales encontramos la *presencia espiritual* de María —y sobre todos se encuentra el misterio de la resurrección. La Sagrada Escritura no menciona la presencia de María al describir la Ascensión —pero, ¿no debió ella estar presente si inmediatamente después leemos que se encontraba en el Aposento Alto con los apóstoles mismos que acababan de despedir a Cristo al subir al Cielo? Junto con ellos, María se preparó para el advenimiento del Espíritu Santo y compartió su descenso en Pentecostés. Los dos últimos misterios gloriosos dirigen nuestros pensamientos hacia la Madre de Dios, cuando contemplamos su Asunción y coronación en gloria celestial.

El rosario es una oración *acerca de María* unida con Cristo en su misión como Salvador. Al mismo tiempo es una oración *a María* —nuestra mejor mediadora con su Hijo. Es, finalmente, una oración que de un modo especial decimos *con María,* tal como los apóstoles en el Aposento Alto oraron con ella, mientras se preparaban para recibir el Espíritu Santo.

28 DE OCTUBRE DE 1981

María ruega por nosotros y con nosotros

«Ella se conturbó con estas palabras, y se preguntaba que significaría aquel saludo...» El evangelista Lucas dice que María «se conturbó» con las palabras del ángel Gabriel, dirigidas a ellas en el momento de la Anunciación, y *«se preguntaba qué significaría aquel saludo»*.

Esta meditación de María constituye el primer modelo para la oración del rosario. Es la oración de los que aprecian la salutación del ángel a María. Los que recitan el rosario asumen la meditación de María en sus pensamientos y corazones, y al rezar ponderan «qué significaría ese saludo».

Ante todo, repiten las palabras dirigidas a María por Dios mismo, a través de su mensajero.

Los que aprecian el saludo del ángel a María repiten las palabras que proceden de Dios. Al rezar el rosario, decimos esas palabras muchas veces. No se trata de una repetición simplista. Las palabras dirigidas a María por Dios mismo y pronunciadas por el divino mensajero tienen un *contenido inescrutable*.

«Dios te salve, muy favorecida, el Señor es contigo... Bendita tú seas entre todas las mujeres».

Este contenido está estrechamente vinculado al misterio de la redención. Las palabras del saludo del ángel a María introducen este misterio, y al mismo tiempo encuentran en él su explicación.

La primera lectura de la liturgia diaria lo expresa, la cual nos lleva al Libro del Génesis. Es allí —sobre el trasfondo del primer hombre y del pecado original— que Dios anuncia *por primera vez el misterio de la redención*. Por primera vez da a conocer su acción en la historia futura del hombre y del mundo.

Por tanto, al tentador oculto bajo el disfraz de una serpiente, el Creador le habla de este modo: *«Enemistad pondré entre ti y la mujer, y entre su linaje y tu linaje: él te pisará mientras acechas tú su calcañar».*

Las palabras que María oyó en la Anunciación revelan que ha llegado la hora del cumplimiento de la promesa contenida en el Libro del Génesis. Del protoevangelio pasamos al Evangelio. El misterio de la redención está a punto de cumplirse. El mensaje del Dios eterno saluda a la «mujer»: esta mujer es María de Nazaret. La saluda haciendo referencia al «linaje» que ella recibirá de Dios mismo: «*El Espíritu Santo vendrá sobre ti, y el poder del Altísimo te hará sombra... concebirás en tu seno y darás a luz un hijo, y le pondrás por nombre Jesús*». *Palabras decisivas,* ciertamente. El saludo del ángel a María constituye el comienzo de la mayor de «las obras de Dios» en la historia del hombre y del mundo. Este saludo abre de primer plano el prospecto de la redención.

No es sorprendente que María, al oír las palabras del saludo *«se conturbara».* La proximidad del Dios viviente siempre inspira un santo temor. Ni es sorprendente que María se preguntara *«qué querría significar ese saludo».* Las palabras del ángel la pusieron frente a un inescrutable misterio divino. Es más, la introdujeron a la órbita de ese misterio. Uno no puede simplemente tomar nota del misterio. Debe ser meditado una y otra vez, y siempre más profundamente. Es tan poderoso que podría llenar no sólo la vida sino la eternidad.

Intentemos todos nosotros, los que apreciamos el saludo del ángel, participar en la meditación de María. Intentemos hacerlo sobre todo cuando rezamos el rosario.

En las palabras proferidas por el mensajero enviado a Nazaret, María casi vislumbra, en Dios, toda su vida en la tierra y su eternidad.

¿Por qué, al oír que ella ha de convertirse en la Madre del Hijo de Dios, no responde con un transporte espiritual, sino ante todo con el humilde «hágase»: «he aquí la esclava del Señor, hágase en mí según tu palabra?»

¿No es acaso porque ya en ese momento siente el dolor desgarrador del reinado sobre el trono de David que había de ser el de Jesús?

Al mismo tiempo el ángel anuncia que «su reino no tendrá fin».

Las palabras de la salutación del ángel a María comienzan a revelar todos los misterios, en los cuales la redención del mundo ha de cumplirse: los misterios gozosos, los dolorosos, los gloriosos. Exactamente como en el rosario.

María, que «*se preguntaba qué significaría aquel saludo*», parece adentrarse en todos estos misterios, introduciéndonos en ellos también.

Ella nos introduce en los misterios de Cristo y al mismo tiempo en sus propios misterios. Su acto de mediación en el momento de la Anunciación abre la senda de nuestras mediaciones durante el rezo del rosario y como resultado de esa acción.

El rosario es la oración a través de la cual, al repetir la salutación del ángel a María, buscamos extraer de la medición de la Santísima Virgen nuestros propios pensamientos sobre el misterio de la redención. Este reflexión suya —que comenzara en el *momento* de la anunciación— continúa en la gloria de la asunción. En la eternidad, María, profundamente inmersa en el misterio del Padre, del Hijo y del Espíritu Santo, *se une* como nuestra Madre a *la oración* de los que aprecian el saludo del ángel y lo expresan en el rezo del rosario.

En esta oración nos unimos a ella al igual que los apóstoles reunidos en el Aposento Alto luego de la ascensión de Cristo. La segunda lectura de la liturgia diaria nos lo recuerda tal como aparece registrada en Los Hechos de los Apóstoles. El autor —luego de citar a los apóstoles por sus nombres— escribe: «*todos ellos perseveraban en la oración, con un mismo espíritu, en compañía de algunas mujeres, y de María la madre de Jesús y de sus hermanos*».

Con esta oración se preparaban para recibir el Espíritu Santo, el día de Pentecostés.

María, que el día de la anunciación había recibido el Espíritu Santo en eminente plenitud, oraba con ellos. La especial plenitud del Espíritu Santo determina en ella también una especial plenitud de la oración. Mediante esta plenitud singular, María ora por nosotros —y ora con nosotros.

Ella preside nuestra oración como una madre. Reúne a través del mundo las vastas muchedumbres que aprecian el saludo del ángel, y que, junto con ella, «meditan» en el misterio de la redención del mundo al rezar el rosario.

Por tanto, la Iglesia continuamente se prepara para recibir el Espíritu Santo, como en el día de Pentecostés.

Este año es el primer centenario de la encíclica *Supremi apostolatus* del papa León XIII, en la cual el gran papa decretaba que el mes de octubre debe dedicarse especialmente al culto de la Virgen del Rosario. En este documento, él enfatizaba insistentemente en la extraordinaria eficacia de esa oración, rezada con un corazón puro y devoto, para obtener del Padre Celestial, en Cristo, y a través de la intercesión de la Madre de Dios, protección contra los males más peligrosos que amenazan a la cristiandad y a la humanidad misma, y lograr los grandes bienes de la justicia y de la paz entre los individuos y los pueblos.

Con este gesto histórico, León XIII no hizo más que alinearse con los numerosos papas que lo precedieron —entre ellos San Pío V— y que dejaron un legado para los que les seguirían en la promoción de la práctica del rosario. Por esta razón, yo también, deseo deciros a todos vosotros: haced del rosario la «la dulce cadena que los une a Dios» por medio de María.

Reboso de alegría por poder celebrar con vosotros hoy la solemne liturgia de la Reina del santo rosario. De este modo significativo todos participamos en el extraordinario jubileo del año de la redención.

Todos juntos dirijámonos afectuosamente a la Madre de Dios repitiendo las palabras del ángel Gabriel: «*Dios te salve, muy favorecida, el Señor es contigo...*» «*bendita tú eres entre todas las mujeres*».

Y en el centro de la liturgia de hoy escuchemos la respuesta de María:

> «*Alaba mi alma la grandeza del Señor*
> *y mi espíritu se alegra en Dios mi Salvador,*
> *porque ha puesto los ojos en la pequeñez de su esclava...*
> *Por eso desde ahora todas las generaciones*
> *me llamarán bienaventurada*».

2 DE OCTUBRE DE 1983

El rosario es una verdadera conversación con María

Nunca os canséis de conocer cada vez mejor a la Madre de Dios y, sobre todo, no os canséis de imitarla en su completa apertura a la voluntad de Dios; ocupaos solamente de complacerla, para que nunca la hagáis sentir triste.

Sabed que es esencial orar, y vosotros debéis hacerlo recordando y meditando en lo que Jesús ha hecho y sufrido por nosotros: los misterios de su infancia, de su pasión y de su muerte, de su gloriosa resurrección.

Al rezar vuestro «misterio» o «decena» seguid la inspiración del Espíritu Santo que, instruyéndoos desde dentro, os conduce a imitar a Jesús más estrechamente, haciéndoos orar con María y, sobre todo, como María. El rosario es una gran oración contemplativa, tan útil a los hombres como a las mujeres de hoy, «todos ocupados con muchas cosas»; es la oración de María y de los que le son devotos.

Los misterios del rosario se comparan justamente con las ventanas que uno puede abrir para luego sumergir la mirada en el «mundo de Dios». Es sólo a partir de ese mundo, del «ejemplo que Jesús nos dejó», que podéis aprender a ser fuertes en las tribulaciones, pacientes en la adversidad, firmes en la tentación.

Estáis organizados en grupos de a quince, según el número de los misterios del rosario, y oráis los unos por los otros. Y de este modo, mientras todos vosotros juntos le ofrecéis a la Madre del Redentor la completa corona de los avemarías, podéis cumplir más fácilmente la Palabra del Señor: *«porque donde dos o tres estén reunidos en mi nombre, allí estaré yo en medio de ellos».*

La certeza de tener a Jesús con vosotros, mientras meditáis en el rosario, debería haceros fervientes en rogarle a él por la paz y la justicia para la Iglesia en el mundo, a través de la intercesión de Nuestra Señora.

Paolina Jaricot, la fundadora de vuestra asociación, os sugiere esto, recordándoos que la fe puede ganarse sólo mediante la oración.

Pero sobre todo, la Madre del Señor os sugiere esto, ella que en Lourdes y especialmente en Fátima os invitaba como una madre a rezar devotamente el santo rosario cada día.

El Papa también os alienta a este rezo diario, porque él, como sabéis, ha hecho del rosario «su oración preferida». Él os alienta a hacer vuestras las virtudes que reconocéis en los misterios del santo rosario. Decid esta oración con vuestros amigos y rezadla especialmente en vuestra familia con el entusiasmo y la persistencia apropiados.

El rosario es una verdadera conversación con María, nuestra Madre Celestial. En el rosario le hablamos a María de manera que ella puede interceder por nosotros con su hijo Jesús. Así pues, le hablamos a Jesús a través de María.

Queridos niños y niñas, vosotros debéis acostumbraros a rezar el rosario de este modo. No se trata tanto de repetir fórmulas; sino más bien de hablar como personas vivas con una persona viva que, si no la veis con los ojos de vuestro cuerpo, podéis, sin embargo, ver con los ojos de la fe. Nuestra Señora, en efecto, y su hijo Jesús, viven en el Cielo una vida mucho más «vital» que la vida mortal que vivimos aquí en la tierra.

El rosario es una conversación confidencial con María, en la cual le hablamos libre y confiadamente. Le confiamos a ella nuestros problemas, le revelamos nuestras esperanzas, le abrimos nuestros corazones. Declaramos que estamos a su disposición para lo que ella, en nombre de su Hijo, quiera pedirnos. Le prometemos fidelidad en cualquier circunstancia, incluso la más dolorosa y difícil, seguros de su protección, seguros de que, si se la pedimos, ella obtendrá de su Hijo toda la gracia necesaria para nuestra salvación.

Que la Santa Virgen vele sobre vosotros siempre, queridos niños y niñas. Que ella os guarde en vuestra senda, en vuestro desarrollo cristiano y humano.

Así también, que ella proteja a vuestros padres, maestros, parientes y amigos.

Que bendiga generosamente, también, a los hermanos y hermanas de la antigua y gloriosa orden de Santo Domingo, que originó esta devoción al rosario, que hoy se extiende a través de la Iglesia.

25 DE ABRIL DE 1987

Invito a todos los que me escuchan en este momento a unirse conmigo en esta oración, «tan sencilla, y no obstante tan rica» en la cual se nos insta a meditar sobre los principales episodios del misterio de la salvación tal como fue cumplida en Cristo: su nacimiento e infancia; su pasión y muerte; su resurrección y ascensión; el descenso del Espíritu Santo sobre la naciente Iglesia, y la glorificación de su purísima y amadísima madre.

El 29 de octubre de 1978, pocos días después de mi elección al sumo pontificado, exhorté de este modo a los fieles reunidos en la Plaza de San Pedro: «*El rosario es mi oración preferida. ¡Es una oración maravillosa! Maravillosa en su simplicidad y en su profundidad. En esta oración repetimos una y otra vez las palabras que les dirigieron a la Virgen el ángel y su prima Isabel. Toda la Iglesia comparte estas palabras. Uno podría decir que el rosario es, en cierto sentido, una oración comentario sobre el último capítulo de la Constitución* Lumen Gentium *del Segundo Concilio Vaticano, un capítulo que trata de la milagrosa presencia de la Madre de Dios en el misterio de Cristo y de la Iglesia*».

A ella, a su Inmaculado Corazón, os confío, a vuestros seres queridos, a Italia, a la Iglesia, a toda la humanidad, de manera que la justicia y la paz puedan florecer.

6 DE OCTUBRE DE 1984

Reina del Rosario, nuestra amada madre

Os invito a todos vosotros a unirse espiritualmente a este coro de
oración y a seguir la última parte de la «Petición» que ahora voy a
rezar.

Oh, bendito rosario de María,
dulce cadena que nos une a Dios,
cadena de amor que nos une a los ángeles.
Torre de salvación contra los asaltos del infierno.
Puerto seguro en el naufragio universal,
nunca te abandonaremos.
Serás nuestro consuelo en la hora de la muerte,
para ti el último beso
de nuestra vida moribunda.
Y la última palabra de nuestros labios
será tu dulce nombre.
Oh Reina del Rosario de Pompeya,
Madre queridísima,
refugio de los pecadores,
soberano consuelo de los afligidos.
Se por doquiera bendita, hoy y siempre,
en la tierra y en el cielo.
Amén.

8 DE MAYO DE 1983

Los misterios gozosos

Madre de Cristo y Madre de la Iglesia,
confiamos y consagramos a ti
los obispos, el clero, los religiosos y las religiosas,
los monjes contemplativos y las monjas,
los seminaristas, los novicios.
Confiamos y consagramos a ti
los padres y las madres, los jóvenes y los niños,
los esposos y las esposas y los que se preparan para
el matrimonio,
los que son llamados a servirte
a ti y a su prójimo en celibato.
Ayúdanos a colaborar
con un sentido del ideal cristiano
y por una común meta cristiana.
Ayúdanos a perseverar con Cristo;
ayúdanos, oh, Madre de la Iglesia,
a construir su Cuerpo Místico,
al vivir esa vida que sólo él
puede darnos de su plenitud,
que es tanto humana como divina.

30 DE SEPTIEMBRE DE 1979

El rosario eleva nuestros sentimientos

El santo rosario es una oración cristiana, evangélica y eclesial, pero es también una oración que eleva nuestros sentimientos y afectos.

En los misterios gozosos, sobre los cuales tratamos brevemente hoy, vemos algo de esto: gozo en la familia, en la maternidad, en el parentesco, en la amistad, en la ayuda mutua. Éstos son los gozos que el pecado no ha aniquilado, y Cristo hecho hombre los tomó consigo y los santificó. Él logró hacerlo a través de María. De manera que es mediante esa acción suya, aun hoy, que podemos captar las alegrías del hombre y hacerlas nuestras: en sí mismas son humildes y sencillas, pero en María y Jesús se hacen grandes y santas.

En María, quien se casó virgen con José y concibió por mediación divina, existe el casto amor de los cónyuges y de la maternidad recibida y protegida como don de Dios; en María, que prestamente fue a ver a Isabel, existe el gozo de servir a nuestros hermanos trayéndoles la presencia de Dios; en María, que presenta a los pastores y a los magos aquel por quien Israel hacía tanto que esperaba, existe la espontánea y confiada generosidad de la amistad; en María que en el templo ofrece a su propio Hijo al Padre Celestial, existe la ansiosa alegría de los padres y los maestros por sus hijos o sus alumnos; en María, que luego de tres días de angustiosa búsqueda, encontró a Jesús, existe el pleno gozo de la madre que sabe que su Hijo le pertenece a Dios antes que a ella.

23 DE OCTUBRE DE 1983

La agonía de Jesús en el huerto de Getsemaní

En estas reuniones dominicales nuestras para la oración mariana durante la Cuaresma, según nos acercamos a la Pascua, nos gustaría detenernos a reflexionar en los misterios dolorosos del santo rosario. Acompañándonos en nuestras reflexiones está la Virgen María, quien fue testigo del momento culminante de la Pasión.

Hablamos de *misterios*, porque son a un tiempo *eventos* en la historia de Jesús y *eventos* de nuestra salvación. Son un *camino* que Jesús recorrió y recorre con nosotros de manera que podamos experimentar, a través de la conversión, la comunión con Dios y una renovada hermandad con la humanidad.

Meditamos hoy en el primer misterio doloroso: la agonía de Jesús en el huerto de Getsemaní. Nos guía el evangelista y maestro de este año litúrgico, San Lucas. Él informa que Jesús, luego de la Última Cena, fue «como de costumbre», al Monte de los Olivos. No estaba solo; sus discípulos, aunque no entendían nada, lo seguían. Dos veces, al comienzo y al final del suceso, él les dirige la exhortación que a diario pronunciamos en el Padrenuestro: *«Orad para que no caigáis en tentación»*.

Este domingo y durante la próxima semana de cuaresma, recibiremos estas divinas palabras como un viático y un auténtico recordatorio.: *«Orad para que no caigáis en tentación»*.

Durante el trance final de su vida, Jesús ora en la soledad: *«Se apartó de ellos como un tiro de piedra y, puesto de rodillas, oraba»*.

El contenido de la oración es filial, prolongada en la agonía interior de Jesús para aceptar la voluntad del Padre, fiel incluso en la angustia por lo que está a punto de ocurrir: *«Padre, si quieres, pasa de mí esta copa; pero no se haga mi voluntad, sino la tuya»*.

Y Jesús comienza a sufrir de un modo que dramáticamente afecta a toda su persona: *«su sudor se hizo como gotas espesas de sangre que caían en tierra»*.

Pero su oración se hizo «más ferviente».

Hermanos y hermanas, contemplamos a Jesús sufriendo físicamente, con un dolor psicológico y moral desgarrador, en su abandono y su soledad, pero *en oración,* en el esfuerzo de apegarse al Padre en absoluta fidelidad.

En esta estación de Cuaresma tenemos una tarea precisa: *interpretar nuestros sufrimientos a la luz del sufrimiento de Jesús* —experimentados en pena y compasión— y orar, orar más y más.

La oración en lo privado de nuestro dormitorio; la oración al ofrecer nuestro trabajo; la oración al escuchar la Palabra de Dios y al meditar en ella; la oración en familia mediante el santo rosario; la oración litúrgica, la fuente y culminación de nuestra vida interior.

La Santísima María nos enseña tanto a aceptar el sufrimiento con una actitud de amor obediente como a elevar nuestra alma a Dios a través de la oración diaria. Especialmente durante el tiempo de Cuaresma, queremos matricularnos, como atentos alumnos, en su escuela.

12 DE FEBRERO DE 1989

Jesús es azotado

En la oración mariana del segundo domingo de Cuaresma, reflexionemos sobre el segundo misterio doloroso del rosario: Jesús es azotado.

El Evangelio de San Lucas resalta tres veces las torturas que Jesús sufrió antes de ser ejecutado.

Ante todo, antes de comparecer ante el Sanedrín: *«Los hombres que le tenían preso se burlaban de él y lo golpeaban: y, cubriéndole con un velo, le preguntaban: ¡Adivina! ¿quién es el que te ha pegado? Y le insultaban diciéndole otras muchas cosas».* De aquél que merecía más que nadie ser llamado profeta —es decir, el que habla en nombre y con el poder de Dios— se mofan por lo que para él es la más profunda realidad personal: ser la Palabra de Dios.

Una escena análoga se repite en el encuentro con Herodes Antipas: *«Pero Herodes con su guardia, después de despreciarle y de burlarse de él, le puso un espléndido vestido y le remitió a Pílato».*

Cuando Jesús vino ante Pilato, señala Lucas, por tercera vez: *«Pílato dijo... así que le daré un escarmiento y le soltaré».*

San Marcos describe este castigo: *«Pílato entonces, deseando complacer a la gente, les soltó a Barrabás; y entregó a Jesús, después de azotarle, para que fuera crucificado».*

La *flagellatio*, o flagelación romana, llevada a cabo por soldados equipados con el *flagellum*, o *el flagrum*, un látigo hecho de cuerdas de cuero anudadas, o que llevaban en las puntas instrumentos contundentes, era el castigo reservado para los esclavos y los condenados a muerte. Su efecto era terrible: con frecuencia, aquellos a los que se le infligía morían de los latigazos.

Jesús no se libraría de este atroz sufrimiento: él lo enfrentó por nosotros.

Al meditar en este segundo misterio doloroso del rosario, oímos el llamado a ser discípulos de Jesús en su sufrimiento. Él también oró por nosotros con *su cuerpo*, sometiéndose a indecibles torturas en obediencia al plan del Padre. Él se dio al Padre y a los hombres, mostrándonos a todos la insondable miseria humana y la extraordinaria posibilidad de renovación y salvación que nos es dada en él.

Siguiendo el ejemplo de Jesús, nosotros también debemos orar con nuestros cuerpos. Las opciones que requieren una conducta exigente y difícil, tal como la castidad según el estado de vida de uno, el dar asistencia a nuestros hermanos y hermanas, y otras actividades físicamente agotadoras, se convierten en oración y sacrificio para ser ofrecido a Dios en unión redentora con los «sufrimientos del Crucificado».

Por tanto, aceptamos «el azote» que la sobriedad personal y el ejercicio de la caridad cristiana nos hacen experimentar todos los días. Es el fruto y el don del misterio doloroso de Jesús, que nos reta, nos envuelve y nos transforma interiormente.

Quiera la Virgen de los Dolores aligerar nuestra tarea con su intercesión.

19 DE FEBRERO DE 1989

Jesús es coronado de espinas

Dediquemos nuestra reunión de hoy sobre la oración mariana a la contemplación del tercer misterio doloroso: la coronación de Jesús con espinas.

El momento es atestiguado por los Evangelios que, si bien no incurren en muchos detalles, señalan los actos de agresión y el insano disfrute de los soldados de Pilato.

«Los soldados», escribe Marcos, seguido por Mateo y Juan *«le llevaron dentro del palacio, es decir al pretorio; y llaman a toda la cohorte. Le visten de púrpura y, trenzando una corona de espinas, se la ciñen. Y se pusieron a saludarle: "¡Salve, rey de los judíos!"» Y le golpeaban la cabeza con una caña y le escupían, y doblando las rodillas, se postraban ante él».*

Mateo añade un solo detalle: un símbolo burlón de la realeza: primero le colocaron la caña en la mano derecha de Jesús, como un cetro real, luego se la quitaron y comenzaron a golpearle la cabeza con ella.

Estamos ante una imagen de dolor, que evoca toda la locura homicida, todo el sadismo de la historia. Jesús quiso también estar a merced de la maldad de los hombres que a veces es extraordinariamente cruel.

Juan nos induce a transformar nuestra contemplación en adoración y ansiosa oración ante el sufrimiento de Jesús coronado de espinas: *«Volvió a salir Pilato»*, escribe, *«les dijo: "Mirad, os le traigo fuera, para que sepáis que no encuentro ningún delito en él". Salió entonces Jesús fuera, llevando la corona de espinas y el manto de púrpura. Díceles Pilato: "aquí tenéis al hombre"».*

Verdaderamente ese hombre es el Hijo de Dios, quien a través de un sufrimiento indecible cumple el plan de salvación del Padre. Él ha asumido tan profundamente nuestros dolores, que los comparte, dándoles sentido, transformándolos en una súbita posibilidad de vida, gracia y comunión con Dios y con su gloria.

Desde ese día, todas las generaciones humanas han sido llamadas a declararse ante ese «hombre» coronado de espinas. Nadie puede permanecer neutral. Uno debe manifestarse. Y no sólo con palabras, sino con su propia vida.

El cristiano acepta la corona de espinas en su cabeza cuando sabe mortificar su arrogancia, su orgullo, las diversas formas de egoísmo y hedonismo que acaban destruyéndolo como persona y a menudo lo llevan a ser cruel con otros.

La Cuaresma nos invita a cada uno de nosotros a entrar en la senda de la liberación de cualquier esclavitud que nos atormente. Nuestro rey, el Hombre-Dios, se encuentra ante nosotros: él nos da un corazón nuevo, de manera que podamos experimentar nuestra ansiedad y nuestro sufrimiento de una forma que conduce a la salvación, a través de su amor y del amor de nuestros hermanos.

La Santísima Virgen nos precede en esta difícil senda y nos alienta a aligerar el paso, señalándonos el fin radiante de la Pascua.

26 DE FEBRERO DE 1989

Jesús en el camino al Calvario

En nuestra reunión cuaresmal para la oración mariana del Ángelus, nuestros pensamientos se vuelven al cuarto misterio doloroso del santo rosario: Jesús en el camino al Calvario.

Nuestra mediación enfatizará en particular el hecho que determinó ese angustioso trayecto: la condena a muerte de Jesús. San Lucas escribe: «*Los principales sacerdotes, los magistrados y el pueblo... se pusieron a gritar a una que fuera crucificado... él [Pilato] entregó a Jesús a su deseo*».

«Entregar», «ceder», «entregado» son términos que se repiten en el relato. Son las traducciones de las palabras latinas *tradere* y *traditum,* palabras que reflejan el acto de cobardía de Pilato y el plan del Padre y la amorosa voluntad del Hijo, que acepta «ser entregado» para la salvación del mundo.

A lo largo de la Vía Dolorosa el evangelista San Lucas nos ofrece, entonces, modelos que nos enseñan a vivir, en nuestra vida diaria, la Pasión de Jesús como el camino a la Resurrección.

El primer ejemplo es Simón de Cirene, «*que venía del campo y le cargaron la cruz, para que la llevara detrás de Jesús*». Lo importante no es sólo llevar la cruz. Muchos individuos en el mundo sufren terriblemente: todo el mundo, todas las familias tienen dolores y cargas que soportar. Lo que le da plenitud de significado a la Cruz es que Simón la lleva detrás de Jesús, no en una senda de angustiosa soledad o rebelión, sino en una senda sostenida y vivificada por la divina presencia del Señor.

El segundo ejemplo consiste en la «*gran multitud de pueblo, y mujeres que se dolían y se lamentaban*». Palabras compasivas e incluso lágrimas compartidas no bastan: debemos ser conscientes de nuestra propia responsabilidad en el drama de la pesadumbre, especialmente cuando se es inocente. Eso nos lleva a contribuir de un modo útil a su mitigación.

Las palabras de Jesús no incurren en un sentimentalismo estéril, sino que nos invitan a una lectura realista de la historia de los individuos y las comunidades. *«Porque si hacen esto en el árbol verde, ¿qué no harán en el seco?»* Si el hombre absolutamente inocente es maltratado de este modo, ¿qué le sucederá a los que son responsables por el mal que ha tenido lugar en la historia de los individuos y las naciones?

El doloroso trayecto de Jesús, el *Vía Crucis,* el camino de la Cruz, es un preciado recordatorio para que reconozcamos el valor de nuestro sufrimiento diario; una lección no para evitarlo con pretextos oportunistas o vanas excusas; un ímpetu a convertirlo en cambio en una ofrenda para aquél que nos amó, en la certeza de que de este modo edificaremos una nueva cultura del amor y cooperaremos en la divina obra de salvación.

Que María, quien con las demás mujeres siguió a Jesús en el camino de la Cruz, y a quien encontraremos en el Calvario, sea para nosotros un modelo en esta ofrenda de nosotros mismos; que ella nos ayude a entender el valor de nuestro sufrimiento y ofrecérselo al Padre unido al sufrimiento de Cristo.

5 DE MARZO DE 1989

Jesús muere en la Cruz

En este quinto domingo de Cuaresma, a la hora de la oración mariana, reflexionemos sobre el quinto misterio doloroso del santo rosario: Jesús muere en la Cruz.

La crucifixión y la muerte de Jesús unen el cielo y la tierra, del mismo modo que los otros acontecimientos fundamentales de la historia de la salvación: la creación, el nacimiento de Jesús, la Resurrección, la segunda venida o Parusía del Señor. El Evangelista Lucas escribe: *«Era ya cerca de la hora sexta, cuando se oscureció el sol y toda la tierra quedó en tinieblas».*

Este suceso expresa con asombrosa claridad que Jesús es un símbolo de contradicción. De hecho, la gente se alineaba en dos bandos: los que lo conocían y lo adoraban; y los que se burlaban de él.

San Lucas nos lleva a contemplar a Jesús en oración: *«Padre, perdónalos, porque no saben lo que hacen».* Es la más sublime escuela de amor: en medio del sufrimiento, Jesús intenta perdonar a los que lo han hecho sufrir, respondiendo al mal con un bien. San Esteban, el primer mártir cristiano, repetirá esta oración de Jesús.

«Los magistrados» y *«los soldados»,* decepcionados en sus expectativas se mofan de Jesús. El pueblo, por otra parte, *«estaba lejos, mirando».* Los dos *«criminales»* también muestran actitudes contradictorias. Mientras uno lo insulta, el otro es testimonio de una extraordinaria experiencia de reconciliación: reconoce su propia condición de pecador, que le diferencia radicalmente del hombre que sufre junto a él (*«en cambio, éste ningún mal hizo»*) y se confía plenamente al amor de Jesús.

San Juan entonces nos muestra a María al pie de la Cruz: una mujer sufriente, que se ofrece a través del amor; la mujer de la dádiva y la aceptación: la Madre de Jesús, la Madre de la Iglesia, la Madre de todos los hombres.

Había otras dos mujeres, también, cerca de la Cruz, pero Jesús, *«viendo a su madre, y al discípulo a quien amaba junto a ella»* profiere palabras que tienen una profunda resonancia espiritual: *«mujer, ahí tienes a tu hijo; hijo, ahí tienes a tu madre».* En Juan, cada hombre descubre que él es el hijo de la madre que dio al mundo al Hijo de Dios.

En el momento de la muerte, Jesús ora y proclama su última oblación al Padre por la salvación de todos los hombres: *«Padre, en tus manos encomiendo mi espíritu».*

Enfrentados al misterio de Cristo que muere para salvarnos, digamos también: *«Verdaderamente este hombre es el Hijo de Dios».*

Que la Virgen María nos ayude en nuestro compromiso con el camino de la fe según nos acercamos a los días santos, en piadoso silencio, plenamente decididos a hacer de nuestra vida, de nuestra historia particular, un don para compartir, en amor y esperanza, con nuestros hermanos.

12 DE MARZO DE 1989

María es el modelo de la Iglesia victoriosa

En los misterios gloriosos del santo rosario se reviven las esperanzas de los cristianos: las esperanzas de vida eterna, la cual compromete la omnipotencia de Dios, y las expectativas del presente, compromete a los hombres a trabajar con Dios.

En Cristo que resucita, todo el mundo resucita, y allí comenzará un nuevo Cielo y una nueva tierra, lo cual se cumplirá en su glorioso retorno, cuando «*no habrá ya muerte ni habrá llanto, ni gritos ni fatigas porque el mundo viejo ha pasado*».

En el que asciende al Cielo la naturaleza humana es exaltada, colocada a la diestra de Dios, y la orden de evangelizar al mundo le es impartida a los discípulos; además, al ascender al Cielo, Cristo no fue sacado de la tierra: él está oculto en el rostro de todos los hombres y mujeres, especialmente de los infortunados: los pobres, los enfermos, los marginados, los perseguidos...

Al derramar sobre los discípulos el Espíritu Santo en Pentecostés, él les dio la fuerza para amar y propagar su verdad; él pidió una comunidad que construiría un mundo digno del hombre que ha sido redimido; y él concedió la capacidad de santificar todas las cosas en obediencia a la voluntad del Padre Celestial. De este modo reavivó el gozo de dar en los que dan, y la certeza de ser amados en los corazones de los infelices.

En la gloria de la Virgen asumida al Cielo, la primera en ser redimida, contemplamos, entre otras cosas, la verdadera sublimación de los lazos de sangre y los afectos de familia: Cristo glorificó a María no sólo porque es Inmaculada, el arca de la divina presencia, sino también, como un Hijo que honra a su madre: los sagrados vínculos de la tierra no se quebrantan en el Cielo. Más bien, a solicitud de la Virgen Madre, asunta al Cielo para convertirse en nuestra abogada y protectora, modelo de la Iglesia victoriosa, podemos ver el mismo ejemplo inspirador del atento amor de nuestros muertos amados hacia nosotros, no roto por la muerte sino hecho aún más poderoso a la luz de Dios.

Finalmente, en la visión de María glorificada por todas las criaturas celebramos el misterio escatológico de una humanidad rehecha en Cristo en perfecta unidad, sin más divisiones ni rivalidades, de manera que uno no aventaje a los otros en el amor. Porque Dios es amor.

En los misterios del santo rosario contemplamos y revivimos las alegrías, los sufrimientos y las glorias de Cristo y de su Santa Madre, que se convierten en las alegrías, los dolores y las esperanzas de la humanidad.

6 DE NOVIEMBRE DE 1983

Extiende tu protección sobre toda la tierra

¡Con la sencillez y el fervor de Santa Bernardita, recemos el santo rosario!

Primer misterio

Celebremos la resurrección del Señor Jesús.

—Bendigamos a la Madre del vencedor sobre la muerte y el pecado.

—Con ella, bendigamos al Cristo resucitado.

—Oremos a María para fortalecer la fe de las comunidades cristianas y del mundo entero.

Segundo misterio

Celebremos la exaltación de Cristo en la gloria divina, el Misterio de la Ascensión:

—Regocijémonos con Nuestra Señora en la glorificación celestial de su Hijo.

—Alabemos a Cristo, el nuevo Adán, por restaurar a los hombres el destino de inmortalidad y la vida de Dios.

—Confiemos a María los individuos y los pueblos que han perdido, que no conocen o que combaten la esperanza cristiana.

Tercer misterio

Celebremos Pentecostés.

—Alabemos a María, en quien el Espíritu Santo ha dado vida al Redentor del mundo.

—Alabemos a Jesús, que derramó su Espíritu sobre los primeros discípulos, como lo hace sobre los de hoy.

—Supliquemos a María, fiel al Espíritu, a que conceda su fidelidad a los líderes y miembros de la Iglesia.

Cuarto misterio

Celebremos la Asunción de la Virgen María.

—Alabemos a María de Nazaret, a María de Belén, de la presentación en el templo, de Caná, del Calvario, del Aposento Alto: que fue glorificada inmediatamente en cuerpo y alma.

—Demos gracias a Jesús por permitirle a su madre compartir su vida de Resucitado.

—Oremos a María para que nos dé el gozo y la esperanza de reunirnos con ella.

Quinto misterio:

Celebremos la glorificación de nuestra Señora.

—Alabemos a María que, en conformidad con la tradición de la Iglesia, comparte la soberanía espiritual de Cristo el Redentor.

—¡Bendigamos a Jesús, que desea unir a su Madre a la expansión de su Reino!

Oh, Madre de la Iglesia.

Oh, Reina del universo,

te rogamos:

¡extiende sobre toda la tierra

tu maternal protección!

14 DE AGOSTO DE 1983

Rosario por la paz
La oración, más fuerte que cualquier arma

Hermanos y hermanas:

Nuestros corazones están llenos de tristeza debido a la guerra en la región del Golfo, de la cual día tras día nos llegan noticias que son cada vez más desalentadoras, acerca del número de combatientes y del número de armas, y del sufrimiento de toda la población civil.

Lo que hace esto aún más preocupante es el riesgo de que este cuadro descorazonador pueda extenderse tanto en el tiempo como en el espacio, con trágicas e incalculables consecuencias.

Como hombres y mujeres y como cristianos, no debemos acostumbramos a la idea de que esto es absolutamente inevitable, y no debemos dejar que nuestras almas cedan a la tentación de la indiferencia y la resignación fatalista, como si los hombres no pudieran dejar de verse atrapados en la espiral de la guerra.

Como creyentes en el Dios de la misericordia y en su Hijo Jesús, que murió y resucitó por la salvación de todos, no podemos abandonar la esperanza de que este enorme sufrimiento que afecta a tan gran número de personas, termine lo antes posible. Para lograr esta meta, tenemos a nuestra disposición en primer lugar la oración, un instrumento humilde pero que, si está animado por una fe sincera e intensa, resulta más fuerte que cualquier arma y que cualquier cálculo humano. Ponemos en las manos de Dios nuestro profundo pesar junto con nuestra más vívida esperanza.

Invoquemos la luz divina para aquellos que, en la esfera internacional, continúan abogando por los medios pacíficos, quienes, haciendo esfuerzos para terminar la guerra, tienen un deseo de paz y de justicia, y una voluntad firme de encontrar adecuadas soluciones a los diversos problemas del Oriente Medio.

Pedimos al Señor que ilumine a los líderes de todas las partes del conflicto, de manera que puedan encontrar el valor de abandonar la senda de la confrontación bélica y confiar, sinceramente, en la negociación, el diálogo y la colaboración.

Pedimos el consuelo divino para todos aquellos que sufren a causa de la guerra y los serios problemas de injusticia y de inseguridad que aún no han sido resueltos en la región del Oriente Medio.

En esta confiada apelación a la piedad divina, os exhorto a todos vosotros a estar en armonía con otros creyentes, sobre todo con los pueblos de fe judía, cristiana y musulmana, que son los más afectados por esta guerra.

Al rezar el rosario y meditar en los misterios de Cristo, pongamos nuestro pesar, nuestras inquietudes y nuestras esperanzas en el Inmaculado Corazón de María, nuestra Madre.

2 DE FEBRERO DE 1991

Meditación en los misterios del rosario

Primer misterio
LA ANUNCIACIÓN
En el seno de la Virgen María, la Palabra de Dios
se hizo hombre para reconciliar al mundo consigo

PALABRA DE DIOS
Del Evangelio según San Lucas (1:28,31–33)

El ángel del Señor se apareció ante ella y le dijo: «salve, muy favorecida, el Señor es contigo... he aquí que concebirás en tu seno y darás a luz un hijo y le pondrás por nombre Jesús... Y le dará el Señor Dios el trono de David su padre y reinará en la casa de Jacob por siempre; y su reino no tendrá fin».

ENSEÑANZA DE LA IGLESIA
Tomado del mensaje radial al mundo
del papa Pío XII (24 de agosto de 1939)

«Es por la fuerza de la razón, no de las armas, que avanza la justicia. Y los imperios que no se fundan en la justicia no están bendecidos por Dios... Nada se pierde con la paz. Todo puede perderse con la guerra. Dejad que los hombres retornen a la comprensión mutua. Dejadles comenzar a negociar de nuevo. Si pueden negociar con buena voluntad y respeto por los derechos mutuos, se darán cuenta de que el diálogo sincero y útil nunca descarta una solución honorable».

—Padrenuestro
—Avemaría
—Gloria

ORACIÓN

Señor,
que eres la fuente de la justicia y el origen de la armonía,
en el anuncio del ángel a María
trajiste a los hombres las buenas nuevas
de la reconciliación entre el Cielo y la tierra:
abre los corazones de los hombres al diálogo
y anima la labor de aquellos que trabajan por la paz,
de manera que la negociación prevalezca sobre el recurso
    de las armas,
la comprensión sobre la incomprensión,
el perdón sobre la ofensa,
el amor sobre el odio,
Mediante Cristo nuestro Señor.
Amén.

Segundo misterio

EL NACIMIENTO DE JESÚS EN BELÉN

Con el nacimiento del Hijo de la Virgen
el don de la paz se ofrece a todos los hombres.

PALABRA DE DIOS
Del Evangelio según San Lucas (2:11,13−14)

En ángel dijo a los pastores: «Os ha nacido hoy en la ciudad de David un salvador, que es el Cristo Señor». Y de pronto se juntó con el ángel una multitud del ejército celestial que alababa a Dios y decía: «Gloria a Dios en las alturas y en la tierra paz a los hombres en quienes él se complace».

ENSEÑANZA DE LA IGLESIA
Tomado de la encíclica Pacem in Terris del papa Juan XXIII
(11 de abril de 1963, No. 60)

«Ésta es la paz que pedimos del Señor Jesús con el ardiente aliento de nuestra oración. Que él quite de los corazones de los hombres lo que los pone en peligro; y puede transformarles en testigos de la verdad, la justicia y el amor fraterno.

«Que él ilumine a los líderes de los pueblos, de manera que, además de atender al bienestar de sus propios ciudadanos, puedan garantizar y defender el gran don de la paz; que él inspire en todos los hombres la voluntad de vencer las barreras que los dividen, aumentar los vínculos de la caridad mutua, para comprender a otros, para perdonar a los que han cometido injusticias; que por virtud de su acción puedan todos los pueblos de la tierra convertirse en hermanos y pueda la muy anhelada paz florecer entre ellos y reinar por siempre».

—Padrenuestro
—Avemaría
—Gloria

ORACIÓN

Dios de nuestros padres,
Padre de todos,
que en tu Hijo Jesús, el Príncipe de paz,
diste paz verdadera a todos los pueblos,
oye la petición que la Iglesia te hace
junto con la Madre de tu Hijo:
Ayuda a los soldados en todos los frentes
que, obligados por graves decisiones,
 están luchando unos contra otros en la Guerra del Golfo;
líbralos de sentimientos de odio y de venganza,
permíteles guardar en sus corazones
el deseo de la paz,
de manera que cuando se enfrenten con los horrores de
   la guerra
la congoja no se torne para ellos
en depresión y desesperación.
Por Cristo nuestro Señor.
Amén.

Tercer misterio
LA MUERTE DE JESÚS EN LA CRUZ
*Con la muerte de Jesús todos los muros divisores fueron derribados
y hubo paz entre los pueblos*

PALABRA DE DIOS
Del Évangelio según San Juan (19:28—30)

Sabiendo Jesús que ya todo estaba cumplido, y para que la Escritura
se cumpliera, dice «tengo sed»... Cuando tomó Jesús el vinagre, dijo:
«¡Todo está cumplido!» E inclinando la cabeza, entregó el espíritu.

ENSEÑANZA DE LA IGLESIA
Tomado de la constitución pastoral Gaudium et Spes
del Segundo Concilio Vaticano (7 de diciembre de 1965, No. 78)

«Esa paz terrenal que surge del amor al prójimo simboliza la paz de
Cristo que irradia de Dios el Padre y brota de él. Porque por la Cruz
el Hijo encarnado, el Príncipe de Paz, reconcilió a todos los hombres
con Dios. Al restaurar así a todos los hombres a la unidad de un solo
pueblo y un solo *cuerpo,* destruyó el odio en su propia carne... «Por
esta razón, todos los cristianos son instados a hacer en amor lo que
exige la verdad, y a unirse con todos los verdaderos pacificadores
para rogar por la paz y procurarla».

—Padrenuestro
—Avemaría
—Gloria

ORACIÓN
Padre,
tu Hijo, el Santo, el inocente,
murió en la Cruz,
víctima del pecado del hombre.

Murió
empapando la tierra con su sangre
y sembrando en los corazones de los hombres
palabras de perdón y de paz.
Oye, oh Padre,
el clamor de la sangre inocente
que se derrama en los campos de batalla,
y recibe en tus moradas de luz,
mediante la intercesión maternal de la Madre de los Dolores,
a aquellos hombres a quien la violencia de las armas
ha arrancado la vida
y ha entregado en las manos de tu misericordia.
Por Cristo nuestro Señor.
Amén.

Cuarto misterio
LA RESURRECCIÓN DE JESÚS
*En la resurrección de Cristo se comunica la paz a la humanidad
y a todas las criaturas*

PALABRA DE DIOS
Del Evangelio según San Juan (20:19−21)

Al atardecer de aquel día, el primero de la semana... se presentó Jesús y púsose en medio de ellos y les dijo «la paz con vosotros»... Los discípulos se alegraron de ver al Señor. Entonces Jesús les dijo otra vez «La paz con vosotros».

ENSEÑANZA DE LA IGLESIA
Tomado del discurso del papa Pablo VI a la Asamblea General de las Naciones Unidas (4 de octubre de 1965, No. 5)

«Vosotros esperáis esta palabra nuestra, que no puede menos que revestirse de gravedad y de solemnidad: *nunca más uno contra otro,* ¡nunca, nunca más!

«Fue principalmente por este propósito que se fundaron las Naciones Unidas; contra la guerra y a favor de la paz...

«No toma muchas palabras declarar el mayor objetivo de esta institución. Sólo debemos recordar que la sangre de millones de personas e innumerables sufrimientos sin precedentes, inútiles matanzas y gigantescas ruinas, ratifican el pacto que os une con un juramento que debe cambiar el curso de la historia del mundo: ¡que no haya guerra nunca más, nunca más!

«La paz, la paz debe guiar el destino de los pueblos y de toda la humanidad».

—Padrenuestro
—Avemaría
—Gloria

ORACIÓN

Padre, tú que amas la vida,
que en la Resurrección de tu Hijo Jesús
has renovado al hombre y toda la creación
y quieres traerles la paz
como tu primer don:
mira con compasión
a la humanidad dividida por la guerra;
salva a las criaturas
del cielo, la tierra y el mar,
la obra de tus manos,
amenazadas de destrucción entre sufrimientos sin
    precedentes,
y que solo la paz,
a través de la intercesión de Santa María,
oriente el destino
de pueblos y de naciones.
Por Jesucristo nuestro Señor.
Amén.

Quinto misterio
LA VENIDA DEL ESPÍRITU SANTO
*En Pentecostés, el Espíritu de Dios, el espíritu de la paz y la armonía
fue derramado sobre todos los pueblos*

PALABRA DE DIOS
De los Hechos de los Apóstoles (2:1,4,6,9—11)

Al llegar el día de Pentecostés... se llenaron todos del Espíritu Santo
y se pusieron a hablar en diversas lenguas... La gente se congregó y se
llenó de estupor, porque cada uno les oía hablar en su propia lengua... partos, medas, elamitas; los que habitamos en Mesopotamia,
Judea, Capadocia, el Ponto, Asia, Frigia, Panfilia, Egipto y la parte de
Libia fronteriza con Cirene, los romanos residentes aquí, tanto
judíos como prosélitos, cretenses y árabes, les oímos hablar en nuestras lenguas las maravillas de Dios.

ENSEÑANZA DE LA IGLESIA
Tomado del mensaje Urbi et Orbi *del papa Juan Pablo II (Navidad de 1990)*

«La luz de Cristo resplandece sobre las atormentadas naciones del
Oriente Medio. Esperamos con temor a que la amenaza de la guerra
se desvanezca de la región del Golfo.

¡Convenced a los líderes de que la guerra es una aventura que no
da ninguna ganancia! Con razón, paciencia y diálogo, y con respeto
para los derechos inalienables de naciones y pueblos, es posible descubrir las sendas de la comprensión y de la paz, y seguirlas.

«La Tierra Santa, también, ha estado aguardando muchos años
la paz: una solución pacífica para todo el problema que los aflige,
una solución que tome en cuenta las legítimas esperanzas del pueblo
palestino y las de aquellos que viven en el estado de Israel».

—Padrenuestro
—Avemaría
—Gloria

ORACIÓN

En este tiempo de violencia sin precedentes
y de inútil matanza,
escucha, Padre,
la súplica que asciende hacia ti de toda la Iglesia,
mientras oramos con María, la Reina de la Paz:
inculca en los gobiernos de todas las naciones
el espíritu de unidad y armonía,
de amor y de paz,
de manera que el mensaje esperado
pueda llegar hasta los confines de la tierra:
¡Se acabó la guerra!
Y, al silenciarse el ruido de las armas,
puedan los himnos de la paz y la fraternidad
resonar a través de la tierra.
Por Cristo nuestro Señor.
Amén.

—*Salve Regina*
—Letanías

Oración por la paz

Dios de nuestros padres,
poderoso y misericordioso,
Señor de la paz y de la vida,
Padre de todos.

Tus planes son de paz, no de violencia,
tú condenas la guerra
y abates el orgullo del agresor.

Tú enviaste a tu Hijo Jesús
para declarar la paz a las naciones
para unir a los hombres de todas las razas y todos
    los credos
en una sola familia.
Escucha el unánime grito de tus hijos,
la sincera petición de toda la humanidad:
no más guerra, una aventura sin retorno;
no más guerra, una espiral de dolor y violencia;
detén esta guerra en el Golfo Pérsico,
esta amenaza a tus criaturas
en cielo, tierra y mar.

En comunión con María, la Madre de Jesús,
te suplicamos nuevamente:
háblales a los corazones de los responsables del destino
    de los pueblos,
detén la lógica de la represalia y la venganza,
a través de tu Espíritu sugiere nuevas soluciones,
gestos generosos y honorables,
espacio para el diálogo y la espera paciente:
más fructíferos que esa frenética inclinación hacia la guerra.

Concede en nuestro tiempo
días de paz.
No más guerra.
Amén.

2 DE FEBRERO DE 1991

Acto de consagración a la Virgen de Fátima
13 de mayo de 1991

I. Santa Madre del Redentor.
Puerta del Cielo, Estrella del mar,
ayuda a tu pueblo, que anhela ascender.
Una vez más
nos volvemos a ti,
Madre de Cristo
y de la Iglesia.
Nos congregamos a tus pies
para darte gracias
por lo que has hecho
en esto años difíciles
por la Iglesia,
por cada uno de nosotros,
y por la humanidad.

2. «Muéstrate madre»:
¡Cuántas veces te hemos llamado!
Y hoy estamos aquí para darte gracias,
porque siempre nos has escuchado.
Demostraste que eres una madre:
Madre de la Iglesia,
misionera a lo largo de los senderos de la tierra
en espera del tercer milenio cristiano.
Madre de los hombres,
por tu constante protección
que ha evitado desastres
y destrucción irreparables,
y ha alentado el progreso
y el mejoramiento en la sociedad moderna.
Madre de naciones,
Por los súbitos cambios

que le han devuelto la confianza a pueblos
oprimidos y humillados por demasiado tiempo.
Madre de la vida, por las muchas señales
con las cuales tú nos acompañaste
y nos defendiste del mal
y del poder de la muerte.
Mi madre para siempre,
y en particular ese 13 de mayo de 1981,
cuando sentí a mi lado
tu auxiliadora presencia.
Madre de todos los hombres que luchan por la vida
que no muere.
Madre de la humanidad
redimida por la sangre de Cristo.
Madre del perfecto amor,
de la esperanza y de la paz,
Santa Madre del Redentor.

3. «Muéstrate madre»:
Sí, sigue mostrando que tú eres la madre de todos
    nosotros,
porque el mundo te necesita.
Las nuevas situaciones
de los pueblos y de la Iglesia
son todavía precarias e inestables.
Existe el peligro
de reemplazar el marxismo
con otra forma de ateísmo,
que, idolatrando la libertad,
tienda a destruir
las raíces de la moral humana y cristiana.
¡Madre de la esperanza, camina con nosotros!
Camina con la humanidad
cuando está por terminar
el siglo veinte,

con hombres de todas las razas y culturas,
de todos las edades y estados.
Camina con los pueblos
hacia la solidaridad y el amor,
camina con los jóvenes,
los protagonistas de los futuros días de paz.
Las naciones que recientemente
han recobrado su libertad
y ahora se dedican
a reconstruir su futuro
tienen necesidad de ti.
Europa te necesita,
que de este a oeste
no puede encontrar
su identidad
sin redescubrir
sus comunes raíces cristianas.
El mundo te necesita
para resolver
los muchos conflictos violentos
que aún lo amenazan.

4. «Muéstrate madre»:
Muestra que tú eres la madre de los pobres,
de los que están muriendo de hambre y enfermedad,
de los que padecen injusticia y tiranía,
de los que no pueden encontrar trabajo, hogar o albergue,
de los que son oprimidos y explotados,
de los que se desesperan o buscan en vano
tranquilidad lejos de Dios.
Ayúdanos a defender la vida,
reflejo del amor divino,
ayúdanos a defenderla siempre,
desde el amanecer hasta su ocaso natural.

Muéstrate madre de la unidad y de la paz.
Que la violencia y la injusticia cesen en todas partes,
que la armonía y la unidad
crezcan dentro de las familias,
y el respeto y la comprensión entre los pueblos;
¡que la paz, la verdadera paz, reine sobre la tierra!
María, da a Cristo, nuestra paz, al mundo.
No permitas que los pueblos reabran nuevos abismos
de odio y de venganza,
no permitas que el mundo ceda a las seducciones
de un falso bienestar
que pervierta los valores de la persona humana
y comprometa para siempre
los recursos naturales de la creación.
¡Muéstrate madre de la esperanza!
Vigila el camino que aún nos aguarda.
Vela sobre los hombres
y sobre las nuevas situaciones de los pueblos
amenazados aún por el riesgo de la guerra.
Vela sobre los responsables de las naciones
y sobre los que rigen el destino de la humanidad.
Vela sobre la Iglesia,
que está constantemente amenazada por el espíritu de
    este mundo.
Vela en particular
sobre la próxima asamblea especial
del Sínodo de Obispos,
un importante alto en el camino
de la nueva evangelización de Europa.
Vela sobre mi tiempo en el ministerio de Pedro,
al servicio del Evangelio y del hombre
que endereza hacia las nuevas metas
de la acción misionera de la Iglesia.
¡Totus tus!

5. «Muéstrate madre»:
En unidad colegiada con los pastores, y
en comunión con todo el pueblo de Dios,
esparcido hasta los confines de la tierra,
renuevo hoy la confianza filial
de la humanidad en ti.
A ti todos confiadamente nos encomendamos.
Contigo esperamos seguir a Cristo,
el Redentor del hombre: que nuestra fatiga
no nos pese, ni nuestro afán nos disminuya;
no permitas que los obstáculos nos enfríen el valor;
ni la tristeza, el gozo de nuestros corazones.
Tú, María, Madre del Redentor,
sigue mostrando que eres la Madre de todos,
vela nuestra senda,
de manera que, llenos de gozo, podamos ver
a tu Hijo en el Cielo.
Amén.

Rosario por las vocaciones

Los misterios gozosos
LA VOCACIÓN DE MARÍA

1. **La Anunciación (Lucas 1:26-38)**
El «sí» de María fue sobre todo un acto de generosidad, no sólo hacia Dios sino también hacia los hombres y las mujeres.
Oremos: para que los niños y jóvenes sean atentos al llamado de Dios y le respondan con generosidad.

2. **La Visitación (Lucas 1:39-45)**
El gesto de María de ponerse «al servicio de» Isabel fue el resultado de haber accedido al llamado de Dios.
Oremos: para que el testimonio de los diáconos perpetuos y de los consagrados en los institutos pastorales sea fructífero.

3. **La Natividad (Lucas 2:1-7)**
Dios se hizo hombre para que el hombre pudiera hacerse igual a Dios. Él es nuestro hermano en la alegría y la tristeza.
Oremos: por todos los que ofrecen sus vidas y comparten las vidas de los más pobres.

4. **La presentación en el Templo (Lucas 2:22-35)**
Los padres que ofrecen un hijo a Dios no lo pierden, excepto para reencontrarlo transformado y enriquecido por la gracia.
Oremos: que las familias cristianas puedan ser generosas y abiertas a todas las vocaciones.

5. **El Niño perdido y hallado en el Templo (Lucas 2:41-52)**
Los planes del Señor son a veces difíciles de entender; exigen aceptación, fe y humildad.
Oremos: por los seminaristas que se preparan para la consagración.

Los misterios dolorosos
LA VOCACIÓN DE JESÚS

I. La agonía en el huerto (Lucas 22:40–44)

Aun en el momento de nuestras pruebas más difíciles, el Padre espera y apoya nuestra respuesta afirmativa a su voluntad.

Oremos: para que el Padre conceda el don de la perseverancia a los que se han consagrado enteramente a él.

2. La flagelación (Marcos 15:11–15)

Es necesaria la fidelidad a nuestra vocación para vencer la falta de comprensión de los demás y sus intentos de desalentarnos.

Oremos: por los que sufren persecución a causa del Evangelio.

3. La coronación de espinas (Marcos 15:17–20)

A veces el sufrimiento se convierte en parte de nuestra vida como una verdadera vocación.

Oremos: para que los enfermos unan sus sufrimientos a la Pasión redentora de Cristo.

4. La condena a muerte (Juan 19:13–16)

Con frecuencia, las circunstancias de la vida son un llamado de Dios a compartir la trayectoria de nuestros hermanos.

Oremos: para que cada cristiano se sienta responsable por la salvación del mundo.

5. La crucifixión y la muerte (Juan 19:28–30)

Si alguien quiere seguir a Cristo, debe negarse a sí mismo y tomar la cruz.

Oremos: para que los religiosos, hombres y mujeres, y los que viven una vida contemplativa, se adhieran plenamente a su consagración.

Los misterios gloriosos
LA VOCACIÓN DE LA IGLESIA

I. **La Resurrección (Marcos 16:9–14)**

Hoy, como fue ayer y será siempre, él es el Resucitado, el Dios de la vida y la alegría, a quien todos nosotros somos llamados.

Oremos: para que los esposos cristianos vivan el amor de Dios y estén abiertos al don de la vida.

2. **La Ascensión (Marcos 16:15–19)**

Dios necesita nuestra ayuda para construir un mundo según el Evangelio.

Oremos: para que los sacerdotes de la Iglesia sean numerosos y santos.

3. **Pentecostés (Hechos 1:14, 22–4)**

El Espíritu Santo en nosotros nos da la fuerza y el valor para defender y propagar el mensaje del Evangelio.

Oremos: para que, a través del testimonio de los misioneros, el celo misionero de la Iglesia se renueve constantemente.

4. **La Asunción de María (Apocalipsis 12:1)**

Nuestra vida terrenal, vivida en la fe, está destinada a la gloria del Cielo.

Oremos: para que los que se hallan decepcionados de la vida encuentren la esperanza cristiana.

5. **La coronación de María (Lucas 1:30–33)**

Aún hoy María intercede por nuestro mundo confundido y por las urgentes necesidades de la Iglesia.

Oremos: para que el Reino de Dios se consuma.

Oración por los laicos

Bienaventurada Virgen María,
Madre de Cristo y Madre de la Iglesia,
con gozo y asombro procuramos hacer nuestro
tu *Magníficat*, sumándonos a tu himno
de acción de gracias y amor.

Contigo le damos gracias a Dios
«cuya misericordia
se extiende de generación en generación»,
por la exaltada vocación
y las muchas formas de misión
confiadas a los fieles laicos.
Dios ha llamado a cada uno de ellos por su nombre
para vivir su propia comunión de amor
y santidad
y ser uno
en la gran familia de los hijos de Dios.
Él les ha enviado
a brillar con la luz de Cristo
y a comunicar el fuego del Espíritu
en todas partes de la sociedad
a través de su vida
inspirados por el Evangelio.

Oh, Virgen del *Magníficat*,
llena sus corazones
de entusiasmo y gratitud
por esta vocación y esta misión.
Con humildad y magnanimidad
tú fuiste «la sierva del Señor»,
danos tu disposición sin reservas

para el servicio a Dios
y la salvación del mundo.
Abre nuestros ojos
a la gran esperanza
del Reino de Dios
y de la proclamación del Evangelio
a toda la creación.

Tu corazón de madre
siempre está atento a los muchos peligros
y males que amenazan
a hombres y mujeres
de nuestra época.
Al mismo tiempo, tu corazón también conoce
las muchas iniciativas
que se emprenden para bien,
el gran anhelo de cultivar valores,
y el progreso alcanzado
en producir
los abundantes frutos de la salvación.

Oh, Virgen valerosa,
que tu fortaleza espiritual
y tu confianza en Dios nos inspiren,
para que podamos aprender
a vencer todos los obstáculos
que encontramos
en el cumplimiento de nuestra misión.
Enséñanos a tratar los asuntos
del mundo
con verdadero sentido de responsabilidad cristiana
y de jubilosa esperanza
en el advenimiento del Reino de Dios, y
de «un nuevo Cielo y una nueva tierra».

Tú que estuviste en oración
con los apóstoles en el Aposento Alto,
a la espera de la venida
del Espíritu el Día de Pentecostés,
implora su renovado derramamiento
sobre todos los fieles, hombres y mujeres por igual,
para que respondan más plenamente
a su vocación y su misión,
como ramas injertadas a la vid verdadera,
llamada a llevar mucho fruto
para vida del mundo.

Oh, Virgen Madre,
guíanos y sostennos
para que vivamos siempre
como verdaderos hijos e hijas
de la Iglesia de tu Hijo.
Permítenos hacer nuestra parte
para ayudar a establecer en la tierra
la civilización de la verdad y el amor,
como Dios quiere,
para su gloria.
Amén.

CHRISTIFIDELIS LAICI
(EXHORTACIÓN APOSTÓLICA,
30 DE DICIEMBRE DE 1988)

Letanía

Señor, ten misericordia
Cristo, ten misericordia
Señor, ten misericordia

Santa María
Santa Madre de Dios
Santa Virgen de las vírgenes

Hija amada del Padre
Madre de Cristo, Rey de las Edades
Gloria del Espíritu Santo

Virgen hija de Sión
Virgen pobre y humilde
Virgen mansa y amable

Sierva obediente de la fe
Madre del Señor
Colaboradora del Redentor

Llena de gracia
Fuente de belleza
Tesoro de virtud y de sabiduría

Primicia de la Redención
Perfecta discípula de Cristo
Purísima imagen de la Iglesia

Mujer del nuevo pacto
Mujer vestida de sol
Mujer coronada de estrellas

Señor, ten misericordia
Cristo, ten misericordia
Señor, ten misericordia

ruega por nosotros
ruega por nosotros
ruega por nosotros

ruega por nosotros
ruega por nosotros
ruega por nosotros

ruega por nosotros
ruega por nosotros
ruega por nosotros

ruega por nosotros
ruega por nosotros
ruega por nosotros

ruega por nosotros
ruega por nosotros
ruega por nosotros

ruega por nosotros
ruega por nosotros
ruega por nosotros

ruega por nosotros
ruega por nosotros
ruega por nosotros

Señora de inmensa generosidad	ruega por nosotros
Señora del perdón	ruega por nosotros
Señora de nuestras familias	ruega por nosotros
Gozo del nuevo Israel	ruega por nosotros
Esplendor de la Santa Iglesia	ruega por nosotros
Honor de la raza humana	ruega por nosotros
Abogada de la gracia	ruega por nosotros
Ministra de la divina misericordia	ruega por nosotros
Socorro del pueblo de Dios	ruega por nosotros
Reina del amor	ruega por nosotros
Reina de la misericordia	ruega por nosotros
Reina de la paz	ruega por nosotros
Reina de los ángeles	ruega por nosotros
Reina de los patriarcas	ruega por nosotros
Reina de los profetas	ruega por nosotros
Reina de los apóstoles	ruega por nosotros
Reina de los mártires	ruega por nosotros
Reina de los confesores de la fe	ruega por nosotros
Reina de las vírgenes	ruega por nosotros
Reina de todos los santos	ruega por nosotros
Reina concebida sin pecado	ruega por nosotros
Reina asunta al Cielo	ruega por nosotros
Reina de la tierra	ruega por nosotros
Reina del Cielo	ruega por nosotros
Reina del universo	ruega por nosotros

Cordero de Dios
que quitas el pecado del mundo, perdónanos, Señor.
Cordero de Dios
que quitas el pecado del mundo, escúchanos, Señor.

Cordero de Dios
que quitas el pecado del mundo, ten piedad de nosotros.

Ruega por nosotros, gloriosa Madre del Señor.
Haznos dignos de alcanzar las promesas de Cristo.

Dios misericordioso,
oye la oración de tu pueblo
que honra con ritos solemnes
a la Bienaventurada Virgen María, tu sierva,
como madre y reina,
y concédenos que podamos servirte
y servir a nuestros hermanos en este mundo
para entrar en la eterna morada de tu reino.
Por Cristo nuestro Señor.
Amén.

Conclusión

Me gustaría hacer muchas recomendaciones,
pero os dejaré con una que es esencial:
seguid amando el santo rosario
y difundid su práctica
dondequiera que os encontréis.

Es una oración
que os forma en la escuela del Evangelio viviente,
educa vuestra alma en la piedad,
os hace perseverar en el bien,
os prepara para la vida y,
sobre todo,
os hace amados de la Santísima María
que os protegerá
y defenderá del mal.

Orad también a Nuestra Señora por mí,
en tanto encomiendo a cada uno de vosotros
a su maternal protección.

3 DE MARZO DE 1984

Tomado de
El corazón amoroso

Mensaje para el Primer Día Mundial del Enfermo, 1993

El amor por los que sufren es la señal y la medida del grado de civilización y progreso de un pueblo.

La comunidad cristiana siempre ha prestado especial atención a los enfermos y al mundo del sufrimiento en sus muchas manifestaciones. Partiendo de esa larga tradición, la Iglesia universal, con un renovado espíritu de servicio, se prepara para celebrar el primer Día Mundial del Enfermo como una ocasión especial de crecimiento, con una actitud de *atención, reflexión, y compromiso eficaz* frente al gran misterio del dolor y la enfermedad. Este día, que, a partir de febrero de 1993, se celebrará todos los años el 11 de febrero, día de la conmemoración de Nuestra Señora de Lourdes, busca ser para todos los creyentes «un tiempo dedicado a orar y compartir, a ofrecer el sufrimiento de uno por el bien de la Iglesia y de recordarle a todo el mundo que vea en su hermano o hermana enfermo el rostro de Cristo quien, con su sufrimiento, muerte y resurrección, logró la salvación de la humanidad».

Este día busca, además, hacer partícipes a todas las personas de buena voluntad. Ciertamente, las interrogantes básicas que plantea la realidad del sufrimiento, y la voluntad de brindar socorro tanto físico como espiritual, no afecta sólo a los creyentes, sino que desafía a toda la humanidad, marcada por las limitaciones de la condición mortal.

Desafortunadamente, nos preparamos para celebrar este primer día mundial en circunstancias que son dramáticas por varias razones: los acontecimientos de estos meses, al tiempo que hacen resaltar la urgencia de orar pidiendo la ayuda de lo alto, nos recuerdan el deber de lanzar nuevas y urgentes iniciativas de ayuda para los que sufren y están desesperadoso.

Ante los ojos de todos están las tristes imágenes de individuos y de pueblos enteros que, lacerados por la guerra y los conflictos, sucumben bajo el peso de calamidades fácilmente evitables. ¿Cómo podemos desviar la mirada de las caras implorantes de tantos seres humanos, especialmente niños, reducidos a la sombra de sí mismos por privaciones de toda clase en las cuales se ven atrapados contra su voluntad debido al egoísmo y la violencia? Y, ¿cómo podemos olvidar a todos aquellos que en instalaciones sanitarias —hospitales, clínicas, leprosorios, centros para discapacitados, hogares de ancianos— o en sus propias viviendas se ven sujetos al calvario de sufrimientos, que con frecuencia se descuidan, que no siempre se socorren adecuadamente y que a veces hasta se empeoran por carecer de un apoyo adecuado?

La enfermedad, que en la experiencia cotidiana se percibe como una frustración de la fuerza vital natural, para los creyentes se convierte en un llamado a «leer» la situación nueva y difícil *en la perspectiva propia de la fe.* Fuera de la fe, además, ¿cómo podemos descubrir en el momento de la prueba la contribución constructiva del dolor? ¿Cómo podemos darle sentido y valor a la angustia, la inquietud y las enfermedades físicas y psíquicas que acompañan nuestra condición mortal? ¿Qué justificación podemos encontrar para el declive de la ancianidad y el objetivo final de la muerte que, pese a todo el progreso científico y tecnológico, se mantiene inexorablemente?

Sí, *sólo en Cristo,* la Palabra encarnada, Redentor de la humanidad y vencedor de la muerte, *es posible encontrar respuestas satisfactorias para esas preguntas fundamentales.*

A la luz de la muerte y resurrección de Cristo, la enfermedad ya no aparece como un acontecimiento exclusivamente negativo; más bien, se ve como una «visita de Dios», una oportunidad «de liberar amor, a fin de producir obras de amor hacia nuestro prójimo, a fin de transformar toda la civilización humana en una civilización de amor».

La historia de la Iglesia y de la espiritualidad cristiana ofrece un amplísimo testimonio de ello. A lo largo de los siglos se han escrito páginas resplandecientes de heroísmo en el sufrimiento aceptado y ofrecido en unión con Cristo. Y páginas no menos maravillosas se han escrito en el humilde servicio a los pobres y los enfermos, en cuya carne atormentada se ha reconocido la presencia del pobre Cristo crucificado.

La celebración del Día Mundial del Enfermo —en su preparación, desarrollo y objetivos— no supone el reducirse a un mero despliegue externo en relación con ciertas iniciativas, no importa cuan meritorias puedan ser, sino que pretende llegar a las conciencias y alertarlas de la valiosa contribución que el servicio humano y cristiano a los que sufren hace a favor de una mejor comprensión entre los pueblos y, consecuentemente, para la construcción de una verdadera paz.

Ciertamente, la paz presupone, como condición preliminar, que las autoridades públicas, las organizaciones nacionales e internacionales, y todas las personas de buena voluntad, le presten especial atención a los que sufren y a los enfermos. Esto es válido, ante todo, para los países en vías de desarrollo —en América Latina, África y Asia— que se destacan por serias deficiencias en el cuidado de la salud. Con la celebración del Día Mundial del Enfermo, la Iglesia promueve un renovado compromiso con esas poblaciones y busca erradicar la injusticia que existe en la actualidad al dedicar mayor cantidad de recursos humanos, materiales y espirituales, a sus necesidades.

A este respecto, quisiera dirigir una especial apelación a las autoridades civiles, a la gente de ciencia, y a todos los que trabajan directamente con los enfermos. ¡Que su servicio nunca se torne burocrático e impersonal! Particularmente, que resulte claro para todos que la administración del dinero público impone el serio deber de evitar su desperdicio y su uso indebido, de manera que los recursos disponibles, administrados sabia y equitativamente, sirvan para garantizar la prevención de enfermedades y el cuidado de todos los que los necesiten.

Las esperanzas de una humanización de la medicina y la atención sanitaria que hoy están tan vivas, exige una respuesta más decisiva. Para que el cuidado de la salud resulte más humano y adecuado, es esencial, no obstante, recurrir a una visión trascendente del hombre, que afirme el valor y la santidad de la vida en la persona enferma como imagen e hijo de Dios. La enfermedad y el dolor afecta a todos los seres humanos, el amor por los que sufren es la señal y la medida del grado de civilización y progreso de un pueblo.

Para vosotros, amados enfermos de todo el mundo, actores principales de este día mundial, ruego que este evento lleve el anuncio de la presencia viva y consoladora del Señor. Vuestros sufrimientos, aceptados y tolerados con fe inquebrantable, cuando se suman a los de Cristo, adquieren un extraordinario valor para la vida de la Iglesia y el bien de la humanidad.

Para vosotros, trabajadores de la salud, llamados al más elevado, meritorio y ejemplar testimonio de justicia y de amor, pido que este día sea un renovado acicate para continuar en vuestro delicado servicio, con una generosa apertura hacia los valores profundos de la persona, el respeto por la dignidad humana y la defensa de la vida, desde su comienzo hasta su conclusión natural.

Para vosotros, pastores del pueblo cristiano, y para todos los diferentes miembros de la comunidad eclesiástica, para los voluntarios y, particularmente, para los que se dedican al ministerio del cuidado de la salud, que este Día Mundial del Enfermo os ofrezca estímulo y aliento para seguir adelante con renovada dedicación en el camino del servicio a la atribulada y sufriente humanidad.

En la conmemoración de Nuestra Señora de Lourdes, cuyo santuario al pie de los Pirineos se ha convertido en un templo del sufrimiento humano, nos acercamos —como ella hizo en el Calvario, donde se alzaba la cruz de su Hijo— a las cruces del dolor y la soledad de muchos hermanos y hermanas, para brindarles consuelo, para compartir sus sufrimientos y presentarles al Señor de la vida en comunión espiritual con toda la Iglesia.

Que la Bendita Virgen, Salud de los Enfermos y Madre de los Vivientes, sea nuestro apoyo y nuestra esperanza y, mediante la cele-

bración del Día del Enfermo, aumente nuestra sensibilidad y dedicación a los que atraviesan por pruebas, junto con la confiada expectativa del luminoso día de nuestra salvación, cuando se secará para
siempre toda lágrima. Que a nosotros se nos conceda disfrutar de las
primicias de ese día de ahora en adelante en el gozo que sobrea-
bunda —aun en medio de todas las tribulaciones— prometido por
Cristo y que nadie nos puede quitar.

¡Mis bendiciones para todos!

DESDE EL VATICANO, 21 DE OCTUBRE DE 1992
MENSAJE PARA EL 11 DE FEBRERO DE 1993
PRIMER DÍA MUNDIAL DEL ENFERMO

Los enfermos,
los afligidos

Es a éstos especialmente a quienes,
al comienzo mismo de nuestro ministerio pastoral,
deseamos abrir nuestro corazón.
¿No sois de hecho vosotros
hermanos y hermanas,
quienes con vuestros sufrimientos
comparten la pasión del Redentor mismo
y de alguna manera la completan?
El indigno sucesor de Pedro,
que se propone examinar
las insondables riquezas de Cristo,
seguramente necesita de vuestra ayuda,
de vuestra oración,
de vuestro sacrificio,
y por esta razón
humildísimamente os suplica.

PRIMER MENSAJE *URBIT ET ORBI*
17 DE OCTUBRE DE 1978

La incomparable eficacia del sufrimiento

Hoy me gustaría dirigirme a todos los enfermos de manera especial, como alguien que, al igual que ellos, está enfermo, y ofrece una palabra de consuelo y esperanza.

Cuando, el día después de mi elección al trono de Pedro, visité el Hospital Gemelli, dije que deseaba «apoyar mi ministerio papal sobre todo en los que sufren».

La providencia resolvió que yo mismo debía regresar al Hospital Gemelli como enfermo. Reiteraré ahora la misma convicción que tenía entonces: el sufrimiento, aceptado en unión con Cristo que sufre, tiene una incomparable eficacia en la realización del plan divino de salvación. Y aquí diré otra vez con San Pablo: *«ahora me alegro por los padecimientos que soporto por vosotros, y completo lo que me falta a las tribulaciones de Cristo en mi carne, a favor de su cuerpo que es la Iglesia».*

Invito a todas las personas enfermas a que se unan a mí para ofrecer su sufrimiento a Cristo por el bien de la Iglesia y de la humanidad. Que la Santísima María os sostenga y consuele.

EN EL HOSPITAL GEMELLI,
DESPUÉS DEL INTENTO DE ASESINATO
24 DE MAYO DE 1981

Ofreced conmigo vuestro sufrimiento al Señor

Queridos míos, vosotros que estáis enfermos, impedidos o con frágil salud, y que estáis presentes en el Congreso Eucarístico.

Mis afectuosos pensamientos y mis oraciones lleguen a todos los que se han reunido en la gruta de Lourdes, pero a vosotros de manera especial.

Lourdes es el lugar donde los enfermos, que vienen de todas partes del mundo, siempre son los primeros, ayudados por sus hermanos y hermanas sanos, a ofrecer sus sufrimientos a la compasión de nuestra Madre, la Virgen María, y a la misericordia de Jesucristo, y a irse con el consuelo que proviene de Dios.

Vosotros sois los más cercanos al corazón de este Congreso, que celebra la presencia real de Cristo en el humilde despojo del pan, el Cristo que sufrió y ofreció su pasión para que pudiéramos entrar en la vida y que su Reino se abriera para nosotros.

Vosotros no cesáis en ningún momento de ser miembros plenos de la Iglesia; no sólo, al igual que otros, estáis en comunión con el Cuerpo del Señor, sino que en vuestra carne estáis en comunión con la pasión de Cristo. Vuestros sufrimientos no son en vano: contribuyen, invisiblemente, al crecimiento en la caridad que anima a la Iglesia. El sacramento de la unción de los enfermos os une de manera especial a Cristo, por el perdón de vuestros pecados, por el consuelo de vuestro cuerpo y alma, por la creciente esperanza del Reino de la Luz y la Vida que Cristo os promete.

Siempre que me reúno con los enfermos, en Roma o durante mis viajes, me detengo con cada uno de ellos, los escucho, los bendigo, tal como Jesús hizo, para mostrar que cada uno es objeto de la ternura de Dios.

En este momento Dios me ha permitido soportar, en mi propia carne, el sufrimiento y la debilidad. Esto me hace sentir aún más cerca de vosotros, me ayuda a entender aún mejor vuestra severa prueba. *«Ahora me alegro por los padecimientos que soporto por vosotros, y com-*

pleto lo que me falta a las tribulaciones de Cristo en mi carne, a favor de su cuerpo que es la Iglesia». Os invito a ofrecer, junto conmigo, vuestro sufrimiento al Señor, quien, a través de la Cruz, logra grandes cosas; ofrecerlo de manera que toda la Iglesia, a través de la Eucaristía, pueda emprender una renovación de la fe y de la caridad; para que el mundo pueda conocer el beneficio del perdón, de la paz y del amor.

¡Que Nuestra Señora de Lourdes os sostenga en la esperanza!

Bendigo a todos los que os ayudan con su amistad y su cuidado y a quienes reciben sostén espiritual de vosotros.

Y os bendigo a vosotros mismos con todo mi afecto, en el nombre del Padre y del Hijo y del Espíritu Santo.

MENSAJE A LOS ENFERMOS
REUNIDOS EN LA GRUTA DE LOURDES
21 DE JULIO DE 1981

La «comunidad» de los enfermos

Agradecido como estoy por el don de la vida salvada y de la salud restaurada, querría expresar mi gratitud por algo más: que me haya sido dado el privilegio, durante estos tres meses, de pertenecer, queridos hermanos y hermanas, a vuestra comunidad: a la comunidad de los enfermos que sufren en este hospital, y que por esa razón constituyen un organismo especial en la Iglesia: en el Cuerpo Místico de Cristo. De manera especial, según San Pablo, uno puede decir de ellos *que completan lo que falta a las tribulaciones de Cristo... a favor de su cuerpo.* Durante estos meses he tenido el privilegio de pertenecer a este particular organismo. Y por eso, también, amablemente os agradezco, hermanos y hermanas, en este momento, al separarme de vosotros y de vuestra comunidad.

Ciertamente hubo y hay entre vosotros muchos cuyos sufrimientos, incomparablemente mayores que los míos, y soportados con amor, os acercan mucho más a la crucifixión y al Redentor.

He pensado en esto más de una vez y, así, como obispo vuestro, os he abrazado a todos vosotros en mis oraciones. Y a veces he sabido de algunos a quienes el Señor de la vida ha llamado a su presencia durante estos meses.

Todo esto, amados hermanos y hermanas, lo he experimentado diariamente, y querría hablaros de ello hoy, al tiempo de despedirme de vosotros. Ahora sé mejor que nunca antes que el *sufrimiento* es una de esas dimensiones de la vida en la cual más que nunca *la gracia de la redención se injerta en el corazón humano.* Y si bien deseo que todos y cada uno de vosotros pueda recuperar vuestra salud y salir de este hospital, también con la misma simpatía espero que podáis sacar de aquí el profundo injerto de la vida divina, que la gracia del sufrimiento lleva consigo.

14 DE AGOSTO DE 1981

El sufrimiento nos pide ser como Cristo

Yo también he sido asaltado por el sufrimiento y he conocido la debilidad física que viene de la discapacidad y la enfermedad.

Es precisamente por haber experimentado el sufrimiento que puedo repetir las palabra de San Pablo con mayor convicción: *«ni la muerte ni la vida ni los ángeles ni los principados ni lo presente ni lo futuro ni las potestades ni la altura ni la profundidad ni otra criatura alguna podrá separarnos del amor de Dios manifestado en Cristo Jesús Señor nuestro».*

Queridos amigos, no existe ninguna fuerza ni poder que pueda separaros del amor de Dios. La enfermedad y el sufrimiento parecen contradictorios con lo que es importante para el hombre y lo que el hombre desea. Y no obstante, ninguna dolencia, ninguna debilidad, ninguna fragilidad puede privaros de vuestra dignidad como hijos de Dios, como hermanos y hermanas de Jesucristo.

Al morir en la cruz, Cristo nos revela el significado de nuestro sufrimiento. En su pasión encontramos el aliento y la fortaleza para evitar cualquier tentación a la amargura y, a través del dolor, crecemos en una nueva vida. *El sufrimiento es una invitación a ser como el Hijo al hacer la voluntad del Padre.* Se nos ofrece la oportunidad de imitar a Cristo, que murió para redimir la humanidad del pecado. Por tanto, el Padre quiso que el sufrimiento enriqueciera al individuo y a toda la Iglesia.

REINO UNIDO, 28 DE MAYO DE 1982

Encomiendo al Señor los sufrimientos
de todos los enfermos

Amadísimos hermanos y hermanas:

Hoy estoy rezando el Ángelus en un hospital, un lugar de sufrimiento y esperanza, junto con los médicos y los pacientes.

Las expresiones de solidaridad que han llegado de todas partes del mundo han sido un consuelo para mí.

¡Gracias! Gracias a los médicos y al personal del Hospital Gemelli y del Vaticano, que han estado tan atentos y tan solícitos conmigo; gracias a los que de varios modos han expresado su proximidad espiritual con afectuosos buenos deseos; gracias sobre todo por las oraciones, el regalo más agradable y el medio más eficaz de sobrellevar los duros y penosos momentos de la existencia con fe y serenidad.

Amadísimos hermanos y hermanas, os saludo y os bendigo a todos.

Con el rezo del Ángelus, encomiendo al Señor, a través de las manos de María, los sufrimientos físicos y espirituales de todos los enfermos del mundo, junto con el mío propio, por la Iglesia y por la humanidad.

Rezo del Ángelus en el Hospital Gemelli
19 de julio de 1992

Reunirme con los ancianos, los enfermos y los impedidos siempre tiene un lugar privilegiado durante mis visitas pastorales. Vosotros no sois los hijos olvidados de Dios. ¡Por el contrario! Así como un hijo enfermo tiene un lugar especial en el corazón de sus padres, así el gozo de Dios en vuestra fe y vuestro valor es mucho mayor. Y Jesucristo nos ha asegurado que es en vosotros que lo encontramos a él de manera especial.

Desafortunadamente, en el mundo de hoy no todo el mundo se da cuenta de que los que están afligidos por la ancianidad, la enfermedad o un impedimento tienen el mismo valor que otros seres humanos. Sin embargo, Dios no está interesado en cuán productivos somos o en el tamaño de nuestra cuenta bancaria. El Señor no mira las apariencias, sino el corazón.

La amorosa mirada de Dios al reposar sobre cada hombre y cada mujer nos da la seguridad de que —viejos o jóvenes, sanos o enfermos— somos queridos y apreciados, sin excepción. Por esta razón todos nosotros sentimos que somos hijos e hijas del mismo Padre celestial. El amor de Dios por nosotros viene primero y es fundamental. Experimentar esto y ser consciente de ello es verdaderamente algo grande; y es importante participar en esta experiencia con otros y compartirla con ellos en vida.

AUSTRIA, 26 DE JUNIO DE 1988

Cuando las personas se encuentran por primera vez y desean hacerse amigos, usualmente se presentan. ¿Necesitamos hacer eso? Vosotros ya conocéis mi nombre y muchísimo acerca de mí. Pero, puesto que intento que nos hagamos amigos, quiero presentarme: vengo a vosotros como misionero enviado por el Padre y por Jesús para proclamar el Reino de Dios que comienza en este mundo pero se realiza sólo en la eternidad; para confirmar la fe de mis hermanos y hermanas; y para crear una profunda comunión entre todos los hijos de la misma Iglesia. Vengo como el ministro e indigno vicario de Cristo a velar por su Iglesia; como el humilde sucesor del apóstol Pedro, el obispo de Roma y pastor de la Iglesia Universal.

Al igual que Pedro, he aceptado ser el pastor de la Iglesia universal, ansioso de conocer, de amar y de servir a todos los miembros del rebaño que se me ha encomendado. Estoy aquí para conoceros. Mi afecto por todos y cada uno de vosotros es grande. Estoy seguro que de algún modo, al menos, podré serviros.

BRASIL, LEPROSORIO DE MARITUBA,
8 DE JULIO DE 1980

Y vosotros, ¿quiénes sois? Para mí vosotros sois los primeros de todos los seres humanos, dotados con la inmensa dignidad que es condición de ser persona, cada uno de vosotros con los rasgos personales singulares e irrepetibles que Dios os ha dado. Vosotros sois personas que han sido salvadas por la sangre del único a quien me gusta llamar el «Redentor del hombre», como hice en la primera carta que escribí a toda la Iglesia y al mundo. Vosotros sois hijos de Dios, conocidos y amados por él. Vosotros sois y seréis de ahora en adelante y para siempre mis amigos, mis muy queridos amigos.

Por tanto, bendito sea Dios que nos concede la gracia de esta reunión. Es ciertamente una gracia para mí, como para el Señor Jesús, cuyo ministro y representante soy, reunirme con los pobres y los enfermos, por quienes él tiene una auténtica preferencia. Es cierto que yo no puedo, como él, curar los males del cuerpo, pero él me dará, a través de su bondad, la capacidad de traer algún consuelo a los corazones y las almas. En este sentido, espero que nuestra reunión también sea una gracia para vosotros. Es en el nombre de Jesús que nos reunimos aquí: que él esté en medio nuestro como nos prometió.

BRASIL, LEPROSORIO DE MARITUBA,
8 DE JULIO DE 1980

Dios quiere estar cerca de todos los seres humanos, pero él se acerca a los enfermos con particular ternura.

Sin embargo, el sufrimiento nos lleva a dudar de las palabras de Jesús de que el Reino de Dios se ha acercado. Cuando el dolor obscurece la mente y debilita cuerpo y alma, Dios puede parecer muy distante, y la vida puede convertirse en una carga intolerable. Estamos tentados a no creer en las Buenas Nuevas. Porque, como dice el Libro de la Sabiduría, «pues el cuerpo mortal oprime el alma y la tienda terrenal abruma la mente reflexiva». El misterio del sufrimiento humano oprime al enfermo, y suscita nuevas y ansiosas interrogantes:

> ¿Por qué Dios me deja sufrir?
> ¿Con qué propósito?
> ¿Cómo puede Dios, que es tan bueno,
>   permitir tanto mal?

No hay respuestas fáciles para las preguntas que formulan las mentes y los corazones de los afligidos. Pero no podemos encontrar una respuesta satisfactoria sin la luz de la fe. Debemos llamar a Dios, nuestro Padre y Creador, tal como hizo el autor del Libro de la Sabiduría:

> «Contigo está la sabiduría, que conoce tus obras...
> Envíala desde el santo cielo...
> para que me acompañe en mis tareas, y
> pueda yo conocer lo que te agrada».

NUEVA ZELANDA,
23 DE NOVIEMBRE DE 1986

Señor, dime la verdad en tu Cruz

A los ojos del mundo, el sufrimiento, la enfermedad y la muerte son atemorizantes, fútiles y destructivos. Especialmente cuando los niños tiene que sufrir, cuando seres humanos inocentes —y son la mayoría— son afligidos por una enfermedad, un impedimento o un dolor incurable, nos encontramos ante un *enigma,* que no podemos honestamente resolver tan sólo por medios humanos. [Ese sufrimiento] puede hacernos crueles, puede amargar no sólo a quien se ve directamente afectado, sino también a los que están cerca de él, y quienes, impotentes para brindarle ayuda, padecen por causa de esa impotencia.

¿Por qué? ¿Por qué yo? ¿Por qué ahora? ¿Por qué mi esposa, mi padre, mi hermana, mi amigo? Estas interrogantes son comprensibles. En esta tierra nadie puede responder ese «por qué». Y sin embargo la pregunta «con qué propósito» me han impuesto esta carga puede abrir nuevos horizontes ante nosotros. Cuando a Jesús le preguntaron si era el ciego quien había pecado o sus padres, él respondió contra toda expectativa: «Ni el pecó ni sus padres; es para que se manifiesten en él las obras de Dios».

Con esta premisa, la pregunta «con qué propósito» sugiere una palabra aún más importante que puede ofrecer la dirección determinante: «¿Con que propósito, Señor?» Ésta ya no es una pregunta insignificante, que cae en el vacío, sino que, más bien se dirige a alguien que ha sufrido y ha luchado hasta la última gota de sangre, quien «con poderoso clamor y lágrimas», como uno lee en la Carta a los Hebreos, «aprendió la obediencia». Él os entiende y sabe cómo os sentís, él mismo, en un momento anterior, oró que le quitaran la copa de la amargura. Pero fue tan obediente a la voluntad del Padre que al final pudo dar su completo y libre asentimiento. *De él podéis aprender a enriquecer vuestro sufrimiento en frutos y en significado para la salvación del mundo.* Con él vuestra enfermedad y sufrimiento pueden hacer mejores a los hombres, y hasta más felices y más libres. Muchos han aprendido de él y de este modo han sido cambiados, por la fuente del consuelo. Por tanto, id a la escuela de su sufrimiento por nuestra salvación y repetid la oración que Santa Catalina de Siena dirigió a Cristo durante sus muchas tribulaciones: «Señor, dime la verdad en tu Cruz, yo quiero escucharte».

Como cristianos, vemos en la enfermedad no un tétrico, o incluso insensible, destino humano sino, al final, el misterio de la Cruz y de la resurrección de Cristo. En el dolor y el sufrimiento el hombre comparte el destino de la creación, la cual a través del pecado —como dice San Pablo— se ha visto *sometida a la caducidad*, la cual *gime*, pero que al mismo tiempo ya ha sido animada por la esperanza de *ser liberada de la esclavitud de la corrupción para participar en la gloriosa libertad de los hijos de Dios*.

Para un creyente, la enfermedad y el sufrimiento no son un trágico destino que debemos soportar pasivamente, sino, más bien, una tarea, gracias a la cual puede vivir su vocación cristiana de manera especial. Ellos son *la invocación de Dios a la humanidad*: una invocación a nosotros a estar fraternalmente cerca de aquellos que están sufriendo y a ayudarles a usar todos los medios ofrecidos por la ciencia médica; una invocación a los enfermos a no resignarse con su sufrimiento, ni a rebelarse con amargura, sino, más bien, a reconocer en él *la posibilidad de una forma más intensa de seguir a Cristo*. Sólo la fe puede darnos valor y fortaleza. Si los aceptamos confiadamente, todos los sufrimientos humanos pueden llegar a ser una participación personal en la ofrenda de Cristo, que sufrió por nuestros pecados a fin de salvar al mundo. Así pues, la pasión de Cristo continúa en el individuo que sufre. Así también toda la ayuda y el amor que podemos manifestar están al final dirigidos a Cristo. «Estuve enfermo y me visitasteis», dice Cristo y prosigue, *«En verdad, os digo, que cuanto hicisteis a uno de estos hermanos míos más pequeños, a mí me lo hicisteis».*

A través de la comunión interior del sufrimiento con Cristo, el sufrimiento humano recibe un poder liberador y transformador y por el mismo medio *participa de la esperanza pascual* de la resurrección futura.

Suiza, 16 de junio de 1984

¡Dadme vuestros sufrimientos,
hermanos y hermanas!
Los llevaré al altar,
para ofrecérselos a Dios el Padre,
en comunión con los de su Hijo Unigénito
y para orar,
en su nombre,
por la paz en la Iglesia,
la comprensión mutua entre las naciones,
la humildad del arrepentimiento para los que han pecado,
la generosidad del perdón
para los que han sido ofendidos:
por todo el gozo
de una renovada experiencia
del amor misericordioso de Dios.
Que la Santísima Virgen,
que estuvo «al pie de la Cruz de Jesús»
cuando murió por nosotros,
despierte en nuestros corazones
sentimientos acordes
a esta hora de luz y de gracia.
Amén.

SANTUARIO DE COLLEVALENZA,
22 DE NOVIEMBRE DE 1981

A *las víctimas del* SIDA

Me dirijo sobre todo, con genuina solicitud, *a los que están afligidos con SIDA.*

Hermanos en Cristo, que conocéis toda la amargura del camino de la Cruz, de seguro que no estáis solos. *La Iglesia* está con vosotros, con el sacramento de la salvación, para sosteneros en vuestro difícil camino. La Iglesia recibe mucho de vuestro sufrimiento, si es confrontado en la fe; la Iglesia está junto a vosotros con el consuelo de la activa solidaridad de sus miembros, de manera que no perdáis nunca la esperanza. No olvidéis el llamado de Jesús: «Venid a mí, todos los que estáis cansados y agobiados, que yo os haré descansar».

Con vosotros, amadísimos, están *los hombres de ciencia,* que trabajan incansablemente para contener y derrotar esta grave enfermedad; con vosotros están muchos que, como profesionales de la salud o como voluntarios, sostenidos por el ideal de la solidaridad humana, os asistirán con devoto cuidado y con todos los medios disponibles.

Vosotros, a la vez, podéis ofrecer algo significativo a la comunidad a la que pertenecéis. El esfuerzo que hacéis por darle significado a vuestro sufrimiento es un preciado recordatorio para todos de los valores más elevados de la vida y acaso un apoyo decisivo para los que están tentados por la desesperación. No os encerréis en vosotros mismos, sino intentad y aceptad la ayuda de vuestros hermanos y hermanas.

La Iglesia alza sus plegarias al Señor por vosotros todos los días, y especialmente por aquellos de vosotros que padecen vuestra enfermedad en abandono, en soledad, por los huérfanos, por los más débiles, por los más pobres, a quienes el Señor nos enseñó a considerar los primeros en su reino.

En el Congreso Internacional sobre el SIDA
15 de noviembre de 1989

Tarde o temprano
el dolor toca a nuestra puerta
e incluso si no queremos abrírsela,
entra trágicamente en nuestra existencia.
La fe cristiana
nos enseña a no desanimarnos,
sino a mantener una esperanza profunda y vital,
a confiar en Dios
que ni abandona ni olvida,
a mirar a Jesús crucificado,
el divino Verbo encarnado
que quiso sufrir como nosotros y por nosotros.
Entonces el deseo,
que no puede realizarse
se convierte en una esperanza de rápida y total curación.
Todos nosotros sabemos en efecto
cuán preciosa es la salud, que nos permite trabajar,
interesarnos en diversas actividades,
ofrecernos a los necesitados
en la familia y en la sociedad,
para hacer nuestra concreta
y efectiva contribución
al desarrollo y progreso de la sociedad.

23 DE MARZO DE 1985

El sufrimiento es un llamado misterioso

Sufrir es una vocación a amar más: es un llamado misterioso a participar del infinito amor de Dios por la humanidad, ¡ese amor que llevó a Dios a hacerse carne y a morir clavado en la Cruz!

La sociedad en que vivimos está atormentada por muchos problemas: la multitud de ideologías, la variedad de antropologías, la complejidad de los acontecimientos sociales y políticos, la fragmentaria naturaleza de las experiencias personales, la tendencia al egoísmo, la propagación de la excesiva indulgencia y, al mismo tiempo, la ansiedad, la insatisfacción y temor del futuro han creado una situación tan complicada y difícil que sentimos cada vez más la necesidad de creer en el mensaje iluminador y salvífico de Cristo, de amar en su nombre, y de invocar la misericordia del Altísimo. Los tiempos nos instan a aceptar nuestra cruz con valor y serenidad, a fin de dar testimonio de la presencia de Dios en la historia humana, revivir el significado de la eternidad, e inculcar esperanza y amor.

«¡Concédeme, Dios mío, adorar en silencio el orden de tu adorable providencia en la dirección de mi vida!»: así dijo Pascal en la famosa Oración para pedirle a Dios el adecuado uso de la enfermedad. Y al pedirle al Señor su divino consuelo, agregó: «Concédeme, Dios mío, que con el mismo espíritu pueda recibir toda clase de acontecimientos... que, tal como soy, pueda conformarme con tu voluntad; y que estando enfermo como estoy, pueda glorificarte en mis sufrimientos».

Especialmente hoy, en la sociedad moderna, podemos ver el inmenso valor del sufrimiento cristiano, y cada comunidad local debe llevar a cabo la «pastoral del sufrimiento» en las varias iniciativas y actividades apostólicas.

23 DE MAYO DE 1987

La «palabra de la Cruz» tiene un mensaje para vosotros los trabajadores de la salud que, en diversos niveles y con variadas responsabilidades, hacéis vuestro trabajo en hospitales.

Es Jesucristo quien se oculta y se revela en el rostro y en la carne, en el corazón y en el alma de aquellos a quienes vosotros sois llamados a ayudar y a cuidar. Él considera que se le hace a él lo que se le hace al último de estos hermanos, que están enfermos y con frecuencia solos y marginados por la sociedad.

Esto exige de vosotros palabras, gestos y aptitudes internas inspirados no sólo por una rica y profunda humanidad, sino por un genuino espíritu de fe y de caridad.

Por tanto os pido, y a través de vosotros, a todos los que trabajan en instalaciones de salud, vencer la tentación a la indiferencia y al egoísmo y, sobre todo, dar lo máximo de vosotros para *humanizar estos ambientes sanitarios y hacerlos más habitables,* de tal manera que los enfermos puedan curarse en la totalidad de sus cuerpos y de sus almas. Dad pues lo máximo de vosotros para que todos los *derechos y valores fundamentales del ser humano* puedan ser reconocidos y defendidos, sobre todo el derecho a la vida, desde su comienzo hasta su fin natural. Esto exige atención a diferentes situaciones, diálogo paciente y respetuoso, amor generoso por todos los hombre y mujeres, considerados como la imagen de Dios y, por aquellos que son creyentes, como un «icono» del Cristo que sufre.

I DE ABRIL DE 1990

Deseo expresar a los médicos, enfermeras y auxiliares mi profundo aprecio y respeto por la pericia y atención que aportan al ejercicio de su profesión. Ésta es una vocación genuina, asumida para el cuidado de nuestros hermanos y hermanas que sufren. Pocas otras profesiones son tan dignas y honorables como la del médico que trabaja con dedicación y tiene profundos sentimientos éticos y humanitarios. Se aproxima a una suerte de sacerdocio cuya misión consiste en curar el cuerpo y también en consolar el alma.

Así pues, insto a estos profesionales a estar conscientes del valor de su misión, a servir siempre a la vida y nunca a la muerte, a ser completamente honestos en la elección de tratamientos y de intervenciones quirúrgicas, a no ceder a la tentación del dinero, ni abandonar su país por ganancias puramente materiales, y a ver en sus pacientes —incluso en los más pobres, que a veces no pueden pagar por sus servicios— seres humanos e hijos de Dios.

Encomiendo al Señor a todos los que trabajan a favor de los enfermos en hospitales, clínicas y hospicios. Quiero repetiros a todos, médicos, enfermeras, capellanes y personal de hospital: la vuestra es una noble vocación. Recordad que vosotros servís a Cristo en los sufrimientos de vuestros hermanos y hermanas.

BOLIVIA, 12 DE MAYO DE 1988

Haced la medicina más humana

Puesto que es parte de la tradición de la Iglesia considerar cristiano todo lo que es auténticamente humano, siento que es mi deber llamaros urgentemente a ejercer la medicina de una manera más humana, y a establecer un franco vínculo de solidaridad con vuestros pacientes, que vaya más allá de una relación profesional. El enfermo espera secretamente esto de vosotros. Además, él está ante vosotros en toda su nobleza de ser humano que, pese a estar necesitado, sufriente e incluso hasta impedido, no debería por esa razón ser considerado un objeto pasivo. Por el contrario, una persona es siempre un sujeto y debe ser abordada como tal. En esto consiste la innata dignidad de un hombre. Una persona por su naturaleza necesita de una relación personal. Incluso alguien que está enfermo nunca es sencillamente un caso clínico, sino que siempre es *«una persona enferma»* que espera un cuidado competente y eficaz de parte vuestra, pero que también espera la capacidad y la pericia para inspirar confianza, incluso hasta el punto en el que vosotros podáis discutir la situación honestamente con él y, sobre todo, mostrarle una sincera actitud de simpatía (es decir de sentimiento compartido), en el sentido etimológico de la palabra, tanto como para poner en práctica las palabras del apóstol Pablo, que se hace eco de las de un sabio antiguo: «Regocijaos con los que están felices, llorad con los que sufren».

EN UNA CONVENCIÓN MÉDICA
SOBRE EL TRATAMIENTO DE TUMORES,
25 DE FEBRERO DE 1982

Haced la medicina y los hospitales más humanos

En todas partes del mundo vemos un vigoroso crecimiento del fenómeno del voluntario, con gran número de personas, especialmente jóvenes, que se ofrecen a pasar al menos parte de su tiempo trabajando, sin paga, a favor de la comunidad. Para los cristianos, asumir esa responsabilidad por el bien común es un modo práctico de demostrar nuestra disposición de seguir el ejemplo de Cristo al compartir los problemas y dificultades de sus hermanos y hermanas.

¿Cómo podemos dejar de dar las debidas gracias a la importante contribución que la amorosa y modesta presencia de los voluntarios aporta a la promesa de curación y atención, complementando el trabajo del personal que asiste a los enfermos?

El servicio voluntario, si se coordina adecuadamente, puede ayudar a mejorar la calidad del cuidado, agregándole un toque adicional de humana simpatía y atención, que obviamente puede consolar al paciente y hasta tener un efecto positivo sobre el resultado del tratamiento.

Sé que en un número considerable de hospitales católicos, especialmente en los pabellones de los que padecen de enfermedades crónicas, mucho se ha hecho en este campo.

Pero las presentes circunstancias parecerían sugerir que es hora de hacer un intento de ampliar el uso de los recursos generosos de que dispone la comunidad, y a este fin sería útil que los hospitales dirigidos sobre bases cristianas compartieran sus aspiraciones. La meta es una estructura de asistencia sanitaria que no esté aislada sino que sea, más bien, parte vital del tejido social que la rodea. Un activo intercambio entre la comunidad de los sanos y la comunidad de los enfermos de seguro proporcionará un incentivo poderoso para incrementar la caridad.

Los hospitales católicos tienen a su cargo grandes responsabilidades en este momento, y su supervivencia depende de que los católicos se ocupen no sólo de los enfermos sino de todo el mundo. Su supervivencia, de manera semejante, depende de esto: de que los católicos puedan crear una nueva cultura y nuevas formas de asistencia pastoral para los enfermos, dando testimonio del hecho de que Cristo es el salvador del alma tanto como del cuerpo.

A LOS TRABAJADORES DE LA SALUD
EN LOS HOSPITALES CATÓLICOS
31 DE OCTUBRE DE 1985

Os encomiendo la Iglesia y el mundo

Según transitaba por la nave de la Iglesia, iba estrechando las manos de todos los que se hallaban cerca. Luego, a través de ellos, este gesto se transmitía a otros. Esto es una señal importante: os he dado la mano para demostraros que estamos unidos o, más bien, para mostraros mi profundo deseo de estar más estrechamente unidos. Deseo vivamente esta unión con los que sufren; es mi fuerza, porque mi fuerza radica en la Cruz de Cristo, y la Cruz de Cristo está presente en vuestro sufrimiento.

Quisiera abrazaros a todos y a cada uno de vosotros, y me gustaría estar cerca de cada uno de vosotros. Me encomiendo a vuestras oraciones y a vuestros sacrificios. Me encomiendo yo mismo, y encomiendo a toda la Iglesia y al mundo, un mundo que corre un riesgo cada vez mayor, y que siempre tiene mayor necesidad de la Cruz y de la redención.

Es por esto que os encomiendo a la Iglesia y al mundo, y también a mi persona, la persona del Papa que debe servir a la Iglesia y al mundo.

RÍMINI, 29 DE AGOSTO DE 1982

234

Los enfermos y el rosario

Cordialmente os insto, a vosotros enfermos y a todos los demás, amigos, parientes, sacerdotes y religiosos, a orar a Nuestra Señora todos los días con el santo rosario.

Puesto que la salud es un bien que es parte del plan original de la creación, rezar el rosario por los enfermos, de manera que puedan curarse o al menos obtener alivio de sus sufrimientos, es un servicio exquisitamente humano y cristiano; es siempre consolador y siempre eficaz, porque inculca serenidad y fuerza de espíritu. Y cuando la enfermedad persiste y los sufrimientos perduran, el rosario también nos recuerda que la redención de la humanidad se origina por medio de la Cruz. La meditación en los misterios de la salvación, que se obtuvo para nosotros en la Cruz del Redentor, quien se hizo carne por amor a nosotros, nos da una comprensión fundamental del valor del sufrimiento para la Iglesia. El sufrimiento oculto y silencioso de una persona enferma vale más que todos los clamores de muchas discusiones y debates. «Una chispa de puro amor», escribió San Juan de la Cruz, «es más preciosa a los ojos de Dios y en los del alma que cualquier otra cosa: el amor es el propósito por el cual fuimos creados. Sin oración y sin unión con Dios, todo se reduce a un martilleo inútil, y nos parece que estamos haciendo poco más que nada, y a veces en efecto nada, en verdad, y con frecuencia podemos incluso estar haciendo daño». Leemos en la biografía de Santa Bernardita que cuando ella rezaba el rosario ponía particular énfasis en las palabras «ruega por nosotros pecadores». A alguien que le hizo notar esto, ella le respondió: «¡Oh, sí! Debemos orar por los pecadores. La Santa Virgen lo insta. Nunca podemos hacer bastante por la conversión de los pecadores». Puesto que ella estaba casi siempre enferma, Bernardita dijo: «Mi tarea es estar enferma: sufrir es mi deber. La oración es mi única arma: ¡yo no puedo hacer otra cosa que orar y sufrir!».

Y éste es también el mensaje dejado en Fátima por Nuestra

Señora a los tres niños: el sufrimiento y el rosario para la Iglesia y por los pecadores.

Las personas que cuidan a los enfermos pueden extraer del rosario la fuerza para ser siempre bondadosas, amorosas y pacientes hacia los que sufren y respetuosos de su dolor.

ORISTANO, 18 DE OCTUBRE DE 1985

Por mi parte, confío en vosotros: así como pido la ayuda de las oraciones de los monjes y las monjas de muchas otras personas santas para que el Espíritu pueda inspirar y darle fuerza a mi ministerio pontificio, así pido la preciada ayuda que puedo recibir de la ofrenda de vuestros sufrimientos y de vuestra enfermedad. Pueda esta ofrenda unirse a vuestras oraciones; o, más bien, transformarse en oraciones para mí, para mis colaboradores inmediatos, y para todos los que me encomiendan sus aflicciones y sus penas, sus necesidades y sus carencias.

Pero, ¿por qué no comenzar esta oración inmediatamente?

Señor,
con la fe que tú nos has dado,
te confesamos, Dios omnipotente,
nuestro Creador y Padre providente,
Dios de la esperanza
en Jesucristo nuestro Salvador,
¡Dios de amor,
en el Espíritu Santo, nuestro Consolador!

Señor,
confiando en tus promesas
que son eternas,
deseamos acercarnos siempre a ti
para encontrar en ti
alivio a nuestro sufrimiento.

Sin embargo, siendo discípulos de Jesús,
¡no podemos hacer lo que queremos,
sino tu voluntad
en toda nuestra vida!

Señor,
agradecidos por el amor de Cristo,

por los leprosos que han tenido
la dicha de encontrarse con Él,
nos vemos reflejados en ellos...
También te damos gracias por el aliento
que recibimos en todo lo que nos ayuda,
tráenos alivio, y consuélanos:
te damos gracias
por la medicina y los médicos,
por el cuidado y las enfermeras,
por nuestros padecimientos de por vida,
por los que nos consuelan
y a quienes consolamos,
por los que nos comprenden
y nos aceptan por los demás.

Señor,
danos paciencia, serenidad y valor;
permítenos vivir una gozosa caridad,
por tu amor
hacia los que sufren más que nosotros
y hacia los que, no sufriendo,
no tienen un claro sentido del significado de la vida.

Señor,
queremos que nuestra vida sea útil,
queremos servir:
alabar, dar gracias,
morar y orar con Cristo,
por los que te adoran
y por aquellos que no te adoran,
en el mundo, y por tu Iglesia,
esparcida a través de la tierra.

Señor,
por los méritos infinitos de Cristo

en la Cruz, tu «siervo sufriente»
y nuestro hermano, con quien estamos unidos,
te rogamos por nuestras familias,
amigos y benefactores,
y por los buenos resultados de la visita del Papa
y por Brasil. Así sea.

BRASIL, 8 DE JULIO DE 1980

Vosotros también, amadísimos enfermos, poneos bajo el manto protector de la Virgen Bendita, y vosotros, también, pedidle consuelo. Y tendréis razón para hacerlo. ¿No están siempre los jinetes del Apocalipsis en el camino, siempre con nuevos nombres? Aun si nunca hemos experimentado la pestilencia, o la plaga, hay muchas otras enfermedades y pruebas que afligen a los hombres hoy. Pese a todo el progreso de la medicina, aún existen enfermedades incurables, y con frecuencia causan abrumadora angustia. Y el azote de la guerra, que nos ha asaltado tantas veces, ¿no se asoma sobre el mundo hoy, con la amenaza de millones de muertos y una inimaginable destrucción? ¿Y quién es ajeno a las aterradoras imágenes del hambre que vemos diariamente en tantas regiones de la tierra? En todas estas situaciones de privaciones y sufrimientos, y en tantas otras que sería imposible enumerar aquí, nosotros como creyentes debemos buscar refugio en María, tal como hicieron nuestros padres antes que nosotros. Sí, amados míos, oremos siempre y en todo momento: Santa María Madre de Dios, ruega por nosotros. Eso no significa desviar la vista de los problemas, ni es cuestión de huir en presencia del hambre o del peligro; es sencillamente confianza cristiana en la ayuda de Dios, que nos dio a María como nuestra madre. Y ¿existe una madre cuyos hijos no puedan pedirle ayuda?

LUXEMBURGO, 15 DE MAYOR DE 1985

Miramos a María como lo hizo Isabel, viéndola llegar con paso apresurado y oyendo su voz en el saludo: «*Apenas llegó a mis oídos la voz de tu saludo, saltó de gozo el niño en mi seno*».

¿Cómo podemos no meditar en este primer llamado a la reflexión? El salto de gozo de Isabel señala el don que puede estar contenido en un simple saludo, cuando proviene de un corazón rebosante de Dios. ¡Cuán a menudo pueden las tinieblas de la soledad, que oprime un alma, ser atravesadas por el rayo luminoso de una sonrisa y de una palabra amable!

Una palabra amable se dice pronto; y sin embargo a veces nos resulta difícil pronunciarla. La cautela nos desanima, la ansiedad nos constriñe, un sentimiento de frialdad o de egoísta indiferencia nos refrena. Ocurre así que pasamos incluso ante personas que conocemos sin mirarlas a la cara y sin darnos cuenta de cuán a menudo sufren ese dolor extenuante y sutil que proviene de sentirse ignoradas. Bastaría una palabra cordial, un gesto afectuoso, y de inmediato algo despertaría de nuevo en ellas: un signo de atención y de amabilidad puede ser una ráfaga de aire fresco en la enmohecida atmósfera de una existencia que está oprimida por la tristeza y el desaliento. El saludo de María llenó de gozo el corazón de su anciana prima Isabel.

II DE FEBRERO DE 1981

El mensaje de Lourdes

En Lourdes, María le recordó al mundo que el significado de la vida en la tierra es su orientación hacia el Cielo.

Nuestra Señora, en Lourdes, vino a hablarle al hombre del «paraíso», de manera que aunque él estuviera dedicado activamente a la construcción de un mundo más acogedor y más justo, no olvidara levantar los ojos al Cielo en busca de orientación y de esperanza.

La Santísima Virgen vino, además, a recordarnos el valor de la conversión y la penitencia, volviendo a presentarle al mundo el meollo del mensaje evangélico. Ella le dijo a Bernardita*, durante su aparición del 18 de febrero: «Te prometo hacerte feliz no en este mundo, sino en el venidero». Posteriormente, le pidió que orara por la conversión de los pecadores y el 24 de febrero le repitió tres veces: «¡Penitencia, penitencia, penitencia!».

En Lourdes, María enfáticamente destaca la realidad de la redención de la humanidad del pecado a través de la Cruz, que es decir a través del sufrimiento. ¡Dios mismo, habiéndose hecho hombre, quiso morir inocente, clavado a una cruz!

En Lourdes, Nuestra Señora enseña el valor redentor del sufrimiento: confiere valor, paciencia, resignación; ilumina el misterio de nuestra participación en la pasión de Cristo; levanta nuestra mirada interior hacia la verdadera y completa felicidad, que Jesús mismo ha asegurado y preparado para nosotros más allá de la vida y de la historia. Bernardita había entendido perfectamente el mensaje de María, y se había convertido en monja en Nevers. Estaba grave-

---

* Santa Bernardita, Bernadette Soubirous (1844–79), vio una visión de la Virgen María en una cueva cerca de Lourdes en 1858. Bernadette descubrió en ese lugar un manantial con poderes curativos. Se construyó una capilla en la cueva, la Gruta de Massabielle, y millones de peregrinos visitan Lourdes cada año. Bernadette Soubirous fue canonizada por el papa Pío XI en 1933. Su cuerpo yace en un sepulcro de la capilla del convento de San Gildard, en Nevers, desde 1925.

mente enferma, pero cuando alguien le suplicaba que fuera a la gruta de Massabielle a rogar por su curación le respondía: «¡Lourdes no es para mí!». Padecía de violentos ataques de asma, y cuando una novicia le preguntó, «¿Sufre mucho?», ella respondió simplemente: «Es necesario». Finalmente, el mensaje de Lourdes se completa con la invitación a la oración: María aparece en actitud de orar, le pide a Bernardita que rece el rosario con su propia corona personal, le pide que construya una capilla allí, y que haga a la gente venir en procesión.

Esto, también, es una admonición que sigue siendo válida. Nuestra Señora de Lourdes viene a decirnos, con la autoridad y bondad de una Madre, que si en verdad queremos sostener, fortalecer y propagar la fe cristiana, es necesaria la humilde y piadosa oración.

11 DE FEBRERO DE 1987

La fe alivia el sufrimiento

En Lourdes, María asume como misión el alivio del sufrimiento y la reconciliación de nuestras almas con Dios y nuestro prójimo.

Todas las gracias que esta Madre de misericordia obtiene para las inmensas muchedumbres de humanidad sufriente y perdida tienen el propósito de conducir a los hombres y mujeres a Cristo y obtener para ellos el don de su Espíritu.

En Lourdes, María, a través de Santa Bernardita, se reveló notoriamente como «la voz de la voluntad del Hijo».

Todo lo que Nuestra Señora le dijo a la vidente, todo lo que le instó a hacer, todo lo que comenzó en Lourdes, lo que ocurrió y sigue ocurriendo allí, refleja, si queréis, la «voluntad» de Nuestra Señora: pero, ¿en nombre de quién ha obtenido ella todo esto, por la gracia de quién, si no la de su divino Hijo?

Podemos decir, pues, que Lourdes pertenece a Cristo aún más que a su Santísima Madre.

En Lourdes aprendemos a conocer a Cristo a través de María. Los milagros de Lourdes y los milagros de Cristo, realizados a través de la intercesión de María.

Por esta razón Lourdes es un honroso lugar de la *experiencia* cristiana.

En Lourdes aprendemos a sufrir como sufrió Cristo. Aceptamos el sufrimiento tal como él lo aceptó.

En Lourdes nuestro sufrimiento se alivia porque se vive con Cristo. *Siempre que* uno lo viva con Cristo, apoyado por María.

En Lourdes aprendemos que la fe no alivia el sufrimiento en el sentido de aminorarlo físicamente. Esa es la tarea de la medicina o, muy rara vez, puede ocurrir milagrosamente.

En Lourdes aprendemos que la fe alivia el sufrimiento al hacerlo aceptable como medio de expiación y como expresión de amor.

En Lourdes aprendemos a ofrecernos no sólo a la justicia divina sino también —según lo expresó Santa Teresita de Lisieux*— al amor misericordioso de aquel que, como dije en mi carta apostólica *Salvifici Doloris,* sufrió «voluntaria e inocentemente».

El cristiano, al igual que cualquier otra persona de sentimiento y conciencia, tiene el deber de trabajar generosamente para aliviar el sufrimiento, a fin de alcanzar la salud —para él o para otros.

Pero su principal interés es eliminar el mal más profundo, el pecado. Una salud física vigorosa no valdría la pena si el alma no estuviera en paz con Dios. Si, no obstante, el alma está en la gracia de Dios, hasta el dolor más terrible sería tolerable, porque el alma comprenderá su valor para la salud eterna, la nuestra y la de nuestros hermanos y hermanas.

II DE FEBRERO DE 1988

---

* Santa Teresita del Niño Jesús o de Lisieux (1873–1897) una monja carmelita que escribió acerca de su corta vida en *La historia de un alma.* Conocida como la Florecilla de Jesús, Thérèse Martín fue canonizada por el papa Pío XI en 1925 y hecha doctora de la Iglesia por Juan Pablo II en 1997, siendo la tercera mujer que ha recibido tal honor.

¿Por qué los enfermos hacen peregrinaciones a Lourdes? ¿Por qué —nos preguntamos— ese lugar se ha convertido en una suerte de «Caná de Galilea», al cual se sienten atraídos de manera especial? ¿Qué los atrae a Lourdes con tal fuerza?

Estas personas, si están inspiradas por la fe, ¿por qué acuden a Lourdes? Porque saben que, como en Caná, «la madre de Jesús está allí»: y donde ella está, allí también está su Hijo. Esta es la certeza que mueve a las multitudes que todos los años acuden por montones a Lourdes en busca de alivio, de consuelo, de esperanza. Enfermos de todas clases hacen la peregrinación a Lourdes, sostenidos por la esperanza de que, a través de María, el poder salvífico de Cristo puede manifestarse. Y, en efecto, ese poder siempre se revela, por el don de la inmensa serenidad y resignación; en algunos casos hay un mejoramiento general de la salud, o incluso la gracia de una cura completa, como numerosos «ejemplos» atestiguan, que se han verificado en el curso de más de cien años.

Sin embargo, la cura milagrosa, a pesar de todo, sigue siendo un evento excepcional.

El poder salvífico de Cristo propiciado por la intercesión de esta madre se revela en Lourdes *sobre todo en la dimensión espiritual*. Es en los corazones de los enfermos que María permite que se deje oír la taumatúrgica voz de su Hijo: una voz que generosamente funde el duro tuétano de hierro de la amargura y la rebelión, y da los ojos del alma para ver en una nueva luz al mundo y a los otros, y a nuestro propio destino.

Los enfermos descubren en Lourdes el valor de su propio sufrimiento. A la luz de la fe pueden entender el significado fundamental que el sufrimiento puede tener no sólo en sus propias vidas, renovadas interiormente por la llama que consume y transforma, sino también en la vida de la Iglesia, el Cuerpo Místico de Cristo.

La Santísima Virgen, que se mantuvo valerosamente junto a la cruz de su hijo en el Calvario y se hizo partícipe de su pasión, puede también persuadir nuevas almas a unir sus sufrimientos al sacrificio de Cristo, en una «ofrenda» coral que, salvando espacio y tiempo, abarque toda la humanidad y la redima.

11 DE FEBRERO DE 1980

Con su participación en el sufrimiento, la Iglesia se convierte en la morada de Dios

¡Amados hermanos y hermanas! Por supuesto, siempre hay personas que descuidada e indiferentemente pasan al lado vuestro y que os harán sentir insignificantes e inútiles. Pero vosotros podéis estar seguros que ¡os *necesitamos!* Toda la sociedad os necesita. Vosotros cuestionáis continuamente a vuestros prójimos sobre el profundo significado de la existencia humana. Estimuláis su solidaridad, probáis su capacidad de amar. Sobre todo, desafiáis a los jóvenes a dar lo mejor de sí mismos.

Vosotros los inspiráis a la solidaridad y a la disposición a ayudar a los que tienen una mayor necesidad de ayuda. Donde esta solidaridad se apaga, la sociedad se ve privada de calor humano. Si embargo, es alentador ver que muchos jóvenes hoy se sienten comprometidos a servir a los ancianos, a los enfermos y a los impedidos.

Al tiempo que estoy con vosotros, deseo dirigirme a toda la sociedad: no debe haber ninguna discriminación respecto al valor de la vida humana. Esta discriminación dio lugar, hace algunas décadas, a uno de los peores actos de barbarie. No hay algunas vidas que tienen valor y otras que no lo tienen. Toda vida humana, tanto antes como después del nacimiento, ya esté en plenitud de sus posibilidades o discapacitada —toda vida humana— ha recibido su dignidad de Dios, y nadie puede violarla. ¡Todos los seres humanos son hechos a la imagen de Dios!

En conclusión, quiero volver a repetir que la Iglesia necesita de vosotros. *En vosotros reconocemos la presencia de Cristo que continuamente vive entre nosotros marcado por la cruz y el sufrimiento.* Y si vosotros aceptáis los sufrimientos que os afligen, vuestra oración y vuestro sacrificio a Dios tendrán una fuerza increíble. ¡Por tanto, orad en todo momento!

Orad y sacrificaos por la Iglesia y por la salvación de los hombres, y también orad por mi misión apostólica.

AUSTRIA, 26 DE JUNIO DE 1988

Levántate

¿Cuántas veces y en cuántas ocasiones necesitan los hombres que les repitan esta invitación?

LEVÁNTATE

tú que estás desanimado.

LEVÁNTATE

tú que no tienes más esperanza.

LEVÁNTATE

tú que estas acostumbrado a la miseria y ya no crees que uno puede construir algo nuevo.

LEVÁNTATE

porque Dios está a punto de hacer «todas las cosas nuevas».

LEVÁNTATE

tú que has enterrado los dones de Dios.

LEVÁNTATE

tú que has perdido la capacidad de asombrarte.

LEVÁNTATE

tú que has perdido la confianza de llamar a Dios «Padre».

LEVÁNTATE

y recobra tu admiración por la bondad de Dios.

LEVÁNTATE

tú que sufres.

LEVÁNTATE

tú a quien la vida parece haberle negado mucho.

LEVÁNTATE

mientras te sientes excluido, abandonado y marginado.

LEVÁNTATE

porque Cristo te ha mostrado su amor y reserva para ti una insospechada posibilidad de plenitud.

LEVÁNTATE

8 DE JUNIO DE 1986.

Epílogo

Hora tercia para el oficio de recordación
al cumplirse un mes de los ataques terroristas
del 11 de septiembre de 2001

Hermanos y hermanas,
amados padres sinodales,
a un mes de los inhumanos ataques terroristas
que ocurrieron en diferentes partes de los Estados Unidos
    de América,
de nuevo encomendamos
a la eterna misericordia del Dios de nuestros padres
a las numerosas víctimas inocentes.

Pedimos consuelo y alivio
para sus familias y parientes,
abrumados por el dolor;
invocamos la fuerza y el valor
para los muchos que siguen trabajando
en los lugares alcanzados por este terrible desastre;
te imploramos tenacidad y perseverancia
para que todos los hombres de buena voluntad
prosigan en las sendas de la justicia y de la paz.

Quiera el Señor quitar del corazón del hombre
toda traza de resentimiento, de hostilidad y de odio,
y abrirlo a la reconciliación,
a la solidaridad y la paz.

Oremos para que la «cultura del amor»
pueda establecerse en todo el mundo.

Luego de rezar el Padrenuestro
y antes de la bendición apostólica,
el Santo Padre dijo la siguiente oración.

Oh, Dios, omnipotente y misericordioso,
el que siembra discordia no puede comprenderte,
el que ama la violencia, no puede recibirte:
vela por nosotros en nuestra dolorosa condición humana
puesta a prueba por los brutales actos de terrorismo
   y muerte.
Consuela a tus hijos y abre nuestros corazones a la
   esperanza,
que nuestro tiempo vuelva a conocer otra vez días de
   serenidad y paz.
Por Cristo nuestro Señor.

II DE OCTUBRE DE 2001

Del mensaje *Urbi et Orbi*, Navidad de 2002

¡La Navidad es un misterio de paz!
Desde la cueva de Belén
surge hoy un clamor urgente
a que el mundo no ceda
a la desconfianza, la sospecha y el desaliento,
aunque la trágica realidad del terrorismo
alimente las incertidumbres y los temores.
Los creyentes de todas las religiones,
junto con los hombres y mujeres de buena voluntad,
al proscribir todas las formas de intolerancia y
    discriminación,
son llamados a edificar la paz:
En *Tierra Santa,* sobre todo, para ponerle fin definitivamente
a la insensible espiral de la violencia ciega, y en el
    Oriente Medio,
para extinguir la ominosa llama de un conflicto
que, con el empeño de todos, puede evitarse;
en *África,* también, donde devastadoras hambres y trágicos
    conflictos internos
agravan las ya precarias condiciones de pueblos enteros,
aunque aquí y allí se hagan presentes algunas señales
    de esperanza;
en *América Latina,* en *Asia,* y en otras partes del mundo,
donde crisis políticas, económicas y sociales
perturban la serenidad de muchas familias y naciones.
¡Que la humanidad acepte el mensaje de paz de la Navidad!

¡Adorable misterio de la Palabra Encarnada!
Que junto a ti, oh Virgen Madre, podamos detenernos
    a reflexionar
en el pesebre donde yace el Niño,

para compartir tu propio asombro
ante la inmensa «condescendencia» de Dios.
Concédenos tus propios ojos, oh María,
para que podamos comprender el misterio
oculto en los frágiles miembros de tu Hijo.

Enséñanos a reconocer su rostro
en los hijos de todas las razas y culturas.
Ayúdanos a ser testigos creíbles
de su mensaje de paz y amor.
de tal manera que los hombres y mujeres de nuestro
    propio tiempo,
aún desgarrados por conflictos e indecible violencia,
puedan también reconocer en el Hijo
acunado en tus brazos
al único Salvador del mundo,
la fuente inagotable de esa paz verdadera
que anhelan profundamente todos los corazones.

De una alocución a los sacerdotes de la diócesis de Roma

Amados hermanos en el sacerdocio, no nos cansemos nunca de ser testigos y heraldos de Cristo, no nos desalentemos nunca por las dificultades y obstáculos que encontramos, ya sea dentro de nosotros, en nuestra humana fragilidad, o en la indiferencia o falta de comprensión de aquellos a quienes somos enviados, incluso algunas de las personas que nos son allegadas.

Siempre que las dificultades y las tentaciones opriman nuestros corazones, recordemos muy bien *la grandeza del don que hemos recibido para poder,* a nuestra vez, «dar con alegría» (cf. 2 Cor. 9:7). Ciertamente, en el confesionario sobre todo, pero también en todo nuestro ministerio, somos *testigos e instrumentos de la misericordia divina,* somos y debemos ser hombres que saben *inculcar esperanza* y llevar a cabo una obra *de paz y reconciliación.*

Amados hermanos, es a esto a lo que Dios nos ha llamado con especial amor de elección, y Dios merece nuestra entera confianza: su voluntad para la salvación es más grande y más poderosa que todos los pecados del mundo.

Gracias por esta oportunidad de estar juntos. Gracias, también por *el regalo del libro,* acabado de salir de la imprenta, que reúne todos los textos de mis pláticas con ustedes al comienzo de la Cuaresma, desde el 2 de marzo de 1979. Espero que esta iniciativa sirva para mantener vivo y fructífero el diálogo que se ha establecido entre nosotros en el curso de estos años.

¡Ya han pasado veinticinco años! Éste es el vigésimo quinto año. Mi sacerdocio comenzó en 1946, con la ordenación que recibí de manos de mi gran predecesor en Cracovia, el cardenal Adam Stefan Sapieha.

Luego de doce años fui llamado al episcopado, en 1958. Desde 1958, he pasado 45 años en el episcopado: ¡eso es bastante!... De estos cuarenta y cinco años, pasé veinte en Cracovia, primero como auxiliar, luego como vicario capitular, luego como arzobispo metropolitano y cardenal; pero ¡veinticinco años en Roma! Con estas cifras veis que he llegado a ser más romano que «cracoviano». Pero todo esto es obra de la Providencia.

La reunión de hoy me hace acordar de todas las reuniones con los sacerdotes de mi primera diócesis de Cracovia. Debo decir que reuniones hubo muchas más. Sobre todo pude visitar muchas parroquias. Pero aun en Roma he visitado 300 de las 340 que existen. ¡Me quedan unas pocas! Puedo decir que estoy viviendo con este capital que acumulé más o menos en Cracovia: un capital de experiencias, aunque no sólo de experiencias, sino de reflexiones, de todo lo que mi sacerdocio y luego mi ministerio episcopal me han dado.

Debo confesaros a vosotros, párrocos, que nunca he sido párroco. ¡Sólo fui vicario parroquial! Y luego sobre todo fui profesor en el seminario y la universidad. Mi experiencia es más la de un catedrático universitario. Pero aun sin una experiencia directa de primera mano como párroco, siempre he estado en contacto con muchos párrocos, y puedo decir que ellos me han dado la experiencia que tenían. Así, pues, he hecho ante ustedes, durante mi vigésimo quinto año, una suerte de examen de conciencia de mi vida sacerdotal. Os estoy profundamente agradecido por las palabras que me habéis dicho, por el afecto que me habéis mostrado y, especialmente, por vuestras oraciones, ¡de las cuales siempre estoy muy necesitado! Es así que hemos comenzado nuestra Cuaresma romana, mi vigésima quinta Cuaresma romana. ¡Os deseo una bendita Cuaresma y una Pascua feliz! ¡La Pascua es el centro no sólo de nuestra vida cristiana, sino también de nuestra vida sacerdotal! Os ofrezco mis mejores deseos.

Afectuosamente os bendigo a todos vosotros y, con vosotros, bendigo a las comunidades confiadas a vuestro cuidado.

6 DE MARZO DE 2003

ÍNDICE DE TÍTULOS
O DE PRIMERAS LÍNEAS

Abreviaturas
PI = Palabras de inspiración
IO = Una invitación a orar
HR = La hora del rosario
CA = El corazón amoroso

EL PAPA JUAN PABLO II (KAROL WOJTYLA) nació en Wadowice, Polonia, en 1920. Estudió literatura y teatro en Cracovia y posteriormente trabajó en una cantera de piedra y en una planta química. Durante la ocupación alemana de Polonia en la segunda guerra mundial, comenzó a prepararse para el sacerdocio y fue ordenado en 1946. Wojtyla llegó a ser obispo de Cracovia en 1958, arzobispo en 1964 y cardenal en 1967. Electo papa en 1978, se convirtió en el 264º. obispo de Roma y ha sido el pontífice que más viajes hizo en toda la historia del papado, con una labor sin precedentes en la promoción de los derechos humanos. El papa Juan Pablo II padeció durante años de mal de Parkinson. Falleció en Roma, el 2 de abril de 2005, a los 84 años de edad.

Nuestro especial agradecimiento a Stanley Browne, al abogado Martin Schmukler, y a Marvin Kaplan de Marstan Associates, Ltd. Gracias también a la Libreria Editrice Rogate (LER), al padre Nunzio Spinelli, y al Muy Rdo. Padre Leonardo Sapienza, respectivamente, por la publicación y la compilación de las antologías. Y a Rick Garson, Enzo Zullo, Alan R. Kershaw, abogado del Tribunal Apostólico de la Rota Romana, a los también abogados Paul Schindler, Larry Shire y Gil Karson, de *Grubman, Indursky and Schindler.*